KB086019

汉语水平考试
HSK（四级）
模拟试题（二）

注　　　意

一、 HSK（四级）分三部分：

　　1. 听力(45题，约30分钟)

　　2. 阅读(40题，40分钟)

　　3. 书写(15题，25分钟)

二、 听力结束后，有5分钟填写答题卡。

三、 全部考试约105分钟(含考生填写个人信息时间5分钟)。

考卷序号	
考生序号	
姓　　名	

一、听力

第一部分

第1-10题：判断对错。

例如：我想去办个信用卡，今天下午你有时间吗？陪我去一趟银行？

　　★ 他打算下午去银行。　　　　　　　　　　　　（ √ ）

　　现在我很少看电视，其中一个原因是，广告太多了，不管什么时间，也不管什么节目，只要你打开电视，总能看到那么多的广告，浪费我的时间。

　　★ 他喜欢看电视广告。　　　　　　　　　　　　（ × ）

1. ★ 他觉得那件游衣不错。　　　　　　　　　　　（　）

2. ★ 室友看到雪以后很兴奋。　　　　　　　　　　（　）

3. ★ 8月最适合去云南旅游。　　　　　　　　　　（　）

4. ★ 很多父母认为艺术教育不重要。　　　　　　　（　）

5. ★ 他礼拜六想去体育馆打网球。　　　　　　　　（　）

6. ★ 姐姐考上了大学。　　　　　　　　　　　　　（　）

7. ★ 他们要坐火车。　　　　　　　　　　　　　　（　）

8. ★ 山西人爱吃酸。　　　　　　　　　　　　　　（　）

9. ★ 文章中的错误都被小刚找出来了。　　　　　　（　）

10. ★ 森林里不允许用火。　　　　　　　　　　　　（　）

第 二 部 分

第11-25题：请选出正确答案。

例如：女：该加油了，去机场的路上有加油站吗？

男：有，你放心吧。

问：男的主要是什么意思？

A 去机场　　　　B 快到了　　　　C 油是满的　　　　D 有加油站　✓

11. A 电话占线　　　B 没看短信　　　C 手机没响　　　D 没收到短信

12. A 网球　　　　B 功夫　　　　C 羽毛球　　　　D 民族舞

13. A 自信点儿　　　B 带礼物　　　C 去理发　　　　D 穿正式些

14. A 拿毛巾　　　　B 洗碗　　　　C 打扫厨房　　　D 扔垃圾

15. A 加油站　　　　B 机场　　　　C 车站　　　　D 邮局

16. A 准备留学　　　B 已经毕业了　　C 要去应聘　　　D 正在报名

17. A 演员　　　　B 叔叔　　　　C 教授　　　　D 爷爷

18. A 要赶火车　　　B 忘记报名了　　C 要去应聘　　　D 腿疼

19. A 没带相机　　　B 迷路了　　　C 写错地址了　　D 没找到座位

20. A 森林公园　　　B 邮局　　　　C 图书馆　　　　D 大使馆

21. A 换工作了　　　B 工作很累　　　C 烦恼很多　　　D 成为经理了

22. A 洗手间　　　　B 邮局　　　　　C 饭店　　　　　D 水果店

23. A 别发脾气　　　B 别放弃　　　　C 笑一笑　　　　D 放轻松

24. A 钥匙　　　　　B 出生证明　　　C 登机牌　　　　D 护照

25. A 有生命危险　　B 不咳嗽了　　　C 体温正常了　　D 腿更疼了

第三部分

第26-45题：请选出正确答案。

例如：男：把这个文件复印5份，一会儿拿到会议室发给大家。

　　　女：好的。会议是下午三点吗？

　　　男：改了。三点半，推迟了半个小时。

　　　女：好，602会议室没变吧？

　　　男：对，没变。

　　　问：会议几点开始？

　　　A 两点　　　　　B 三点　　　　　C 15：30 √　　　D 18：00

26.　A 奶奶　　　　　B 爸爸　　　　　C 妹妹　　　　　D 邻居

27.　A 缺少耐心　　　B 讲课很精彩　　C 很懒　　　　　D 长得特别帅

28.　A 香蕉不好吃　　B 儿子去上课　　C 天黑了　　　　D 作业没写完

29.　A 不够冷静　　　B 太马虎　　　　C 太笨　　　　　D 缺少经验

30.　A 女的误会了　　B 男的很得意　　C 男的很吃惊　　D 还没出结果

31.　A 酒　　　　　　B 蛋糕　　　　　C 饼干　　　　　D 果汁

32.　A 从小学表演　　B 是位作家　　　C 不适合唱歌　　D 是位演员

33.　A 先通过考试　　B 找时间练车　　C 买辆新车　　　D 走高速公路

34.　A 气候　　　　　B 语言　　　　　C 民族文化　　　D 交通情况

35.　A 肚子　　　　　B 嘴　　　　　　C 胳膊　　　　　D 腿

36. A 爱放糖　　　B 浪费严重　　　C 瓶子乱扔　　　D 全部喝光

37. A 第二瓶免费　　B 儿童爱喝　　　C 味道多样　　　D 只有半瓶水

38. A 压力很大　　　B 十分危险　　　C 工资很高　　　D 下班早

39. A 支持　　　　　B 失望　　　　　C 怀疑　　　　　D 同情

40. A 引起咳嗽　　　B 有生命危险　　C 变胖　　　　　D 脸色变差

41. A 1720年　　　 B 1930年　　　　C 1900年　　　　D 1830年

42. A 觉得好玩儿　　B 可怜他　　　　C 想让他放松　　D 护士建议的

43. A 想换医生　　　B 不愿吃药　　　C 计划出院　　　D 害怕生病

44. A 想要放弃　　　B 故意迟到　　　C 拒绝解决　　　D 感到危险

45. A 责任心　　　　B 顺序　　　　　C 力气　　　　　D 耐心

二、阅读

第一部分

第46-50题：选词填空。

A 对面　　　B 迷路　　　C 左右　　　D 坚持　　　E 适应　　　F 严格

例如：她每天都（　D　）走路上下班，所以身体一直很不错。

46. 我丈夫（　　　　）不了这里冬天的气候。

47. 我家距离那儿不远，开车只要15分钟（　　　　）。

48. 王老师不仅对学生（　　　　），对自己的孩子也是这样。

49. 走了这么久还没看到邮局，难道我们（　　　　）了？

50. 那本书我帮你借吧，我家（　　　　）就是省图书馆，很方便。

第51-55题：选词填空。

A 来得及　　　B 按时　　　C 温度　　　D 连　　　E 棵　　　F 羡慕

例如：A：今天真冷啊，好像白天最高（　C　）才2℃。

　　　　B：刚才电视里说明天更冷。

51. A：为什么这（　　　）树右边的叶子比左边的多？

　　　B：因为它右边向阳，叶子自然就多一些。

52. A：真（　　　）你，这么快就把签证办好了。

　　　B：你别着急，你的应该也快了。

53. A：你没我号码吗？竟然不知道我是谁。

　　　B：我刚换了个手机，号码还没（　　　）存呢。

54. A：下节的文化课你预习了吗？

　　　B：没有，昨天我太困了，（　　　）作业都没写就睡了。

55. A：你最近怎么总是加班？都没见你（　　　）下班。

　　　B：没办法。公司现在缺人，年底的任务又重。

第二部分

第56-65题：排列顺序。

例如：A 可是今天起晚了

B 平时我骑自行车上下班

C 所以就打车来公司   B A C

56. A 有的人却连一件事也干不好，白白浪费了时间

B 可在相同的时间里，有的人能完成很多事

C 时间对于每个人来说都是一样的   _____

57. A 而且环境保护得也很好

B 小城四季的风景都很美

C 因此每年都吸引着成千上万的游客去那儿旅游   _____

58. A 它们都是我难忘又美好的回忆

B 里面放着我每次旅行的车票

C 这个信封对我来说非常重要   _____

59. A 尽管马教授来不及赶过来

B 他说，非常感谢你为这个研究做出的努力

C 但他让我带了礼物给你   _____

60. A 现在连店里做面包的师傅都认识我了

    B 我家附近有个面包店

    C 我正好非常喜欢吃面包，所以经常去买　　＿＿＿＿＿＿＿＿

61. A 这个电影节很早就开始举办了，有很长的历史

    B 对于演员们来说

    C 能获得它的邀请是对他们的一种肯定　　＿＿＿＿＿＿＿＿

62. A 所以建议大家先用铅笔填写

    B 如果不小心填错的话还可以擦掉

    C 由于这张表格每人只有一份　　＿＿＿＿＿＿＿＿

63. A 老师说这一课的语法内容很难

    B 我们最好预习一下

    C 否则明天上课的时候可能会听不懂　　＿＿＿＿＿＿＿＿

64. A 没想到离开这么久之后再回来

    B 我小时候在这座城市生活了9年

    C 感觉一切仍然是那么熟悉　　＿＿＿＿＿＿＿＿

65. A 在我看来，一个人能力的高低

    B 比如教育水平、工作经历等

    C 会受到多方面的影响　　＿＿＿＿＿＿＿＿

第三部分

第66-85题：请选出正确答案。

例如：她很活泼，说话很有趣，总能给我们带来快乐，我们都很喜欢和她在一起。

★ 她是个什么样的人？

A 幽默 ✓　　　　B 马虎　　　　C 骄傲　　　　D 害羞

66. 工作几年后，我发现自己离一名优秀的律师还有很远的距离。所以，我计划明年一边工作，一边读博士，在工作中积累经验、提高能力的同时，用更多的书本知识来丰富自己。

★ 根据这段话，可以知道他：

A 想去别的城市　　B 会多种语言　　C 硕士没读完　　D 计划读博士

67. 我们穿衣服要有自己的特点，不能别人穿什么也跟着穿什么，关键是要适合自己。

★ 在穿衣方面，我们应该选择：

A 运动的　　　　B 适合自己的　　　　C 正式的　　　　D 好看的

68. 妹妹以前特别害羞，跟谁说话都容易脸红。没想到上了大学后，她竟然变得这么活泼，太让人吃惊了。

★ 对于妹妹的变化，她：

A 非常吃惊　　　　B 失望极了　　　　C 感到伤心　　　　D 十分同情

69. 中国记者节是10月8日。这个节日从2000年开始到现在，已经有18年了。记者节和护士节、教师节是中国现有的三个职业节日。

★ 这段话谈的是什么？

A 记者的责任　　　　B 竞争力　　　　C 职业节日　　　　D 护士的烦恼

70. 儿子特别喜欢打棒球，一有空儿就去打。丈夫觉得这样很浪费时间，希望儿子放弃打球认真学习。但我却认为孩子在这个年龄就应该做自己感兴趣的事。

   ★ 说话人对儿子打棒球是什么态度？

   A 批评   B 支持   C 怀疑   D 不关心

71. 弟弟从小的理想就是长大后能成为一名优秀的播音员。为了说一口标准的普通话，他每天早上都会用半个小时来练习发音。

   ★ 弟弟每天早上花半个小时做什么？

   A 外出散步   B 练习唱歌   C 看新闻   D 练习发音

72. 她是位著名的歌唱家，她所有的歌都是自己写的，内容很多都与自己的经历有关，生活中的酸甜苦辣使她的歌有一种很特别的味道。

   ★ 关于那位歌唱家，可以知道什么？

   A 非常有名   B 脾气好   C 生活困难   D 从小学钢琴

73. 虽然奶奶现在也会看电视、玩儿手机和电脑，但她还是更喜欢收听广播节目。因为在她小时候，广播是人们了解外面世界的主要方式，奶奶也因此养成了听广播的习惯。

   ★ 奶奶：

   A 常去旅游   B 不会上网   C 爱听广播   D 反对玩儿手机

74. 在教育学生的过程中，如果只批评不表扬，学生会变得不自信；只表扬不批评，学生又容易骄傲，甚至会接受不了失败。所以，找到合适的方法很关键。

   ★ 这段话最可能是对谁说的？

   A 作家   B 警察   C 记者   D 教师

75. 南京长江大桥是一座公路、铁路两用桥。它的上层是四车道的公路，四辆汽车同时通过也没问题；下层是铁路，两辆火车可同时对开。

   ★ 南京长江大桥：

   A 下层是高速公路   B 是双层的   C 还没正式通车   D 很短

76. 这几份调查表后面的问题都没回答，前面的选择题也有不少空着，所以不能用，先放到旁边的桌子上吧。

★ 那些调查表为什么不能用？

A 没准时交　　　　　B 缺几页　　　　　C 没填完　　　　　D 没写名字

77. 乐乐和妹妹只差一岁，她们姐妹俩感情很好。在生活中总是互相照顾，谁遇到了麻烦或者有什么烦心事，都会找另一个商量。

★ 乐乐和妹妹：

A 感情好　　　　　B 爱打扮　　　　　C 性格相反　　　　　D 差7岁

78. 妈，您这两天有空去我家一趟吗？帮我关一下窗户。我去北方参加个聚会，刚才突然想起来窗户没关，我担心这两天会下大雨。

★ 说话人想让妈妈做什么？

A 接儿子　　　　　B 做菜　　　　　C 关窗户　　　　　D 拿勺子

79. 现在很多地方都需要密码，比如银行卡、邮箱、购物网站等。有些人所有的密码都是一样的，这样特别危险。因为别人只要知道其中一个密码，就能得到你所有的信息。

★ 如果所有的密码都相同，会：

A 无法正常使用　　　B 减少麻烦　　　　C 不容易弄错　　　D 不安全

80-81.

这部小说讲的是一个男孩儿到大城市工作的故事，书中写了他在工作、生活和爱情等方面的经历。小说也指出了当时一个普遍的社会问题：许多年轻人拒绝长大，他们害怕走出去了解这个世界。作者说："我想告诉他们，只要你愿意走出第一步，自然就知道下一步怎么走。"

★ 关于书的内容，可以知道：

A 不吸引人　　　B 与社会问题有关　　C 有点儿假　　　D 很浪漫

★ 作者想告诉年轻人，应该：

A 勇敢一点儿　　　B 懂得原谅　　　　C 接受批评　　　　D 学会冷静

82-83.

随着科技的快速发展，人们的阅读方式也发生了很大的变化。越来越多的人习惯在手机或笔记本电脑上阅读。今年几家读书网站进行了一个全民阅读情况的调查活动。结果发现：阅读电子书的人比去年增加了6%，并且有大约70%的读者表示愿意在网上购买电子书。

★ 人们阅读方式发生改变的原因是什么？

    A 受广告影响   B 要保护自然   C 科技的发展   D 纸书很重

★ 根据调查结果，阅读电子书的人：

    A 以女性为主   B 数量增多了   C 收入较高   D 年龄比较小

84-85.

大连是一座海边城市，也是中国著名的旅游城市。这里自然条件非常好，生活着很多动植物，尤其是有很多鱼。这儿冬暖夏凉，可以说是东三省中气候最好的城市。为了更好地发展旅游、吸引更多的游客，大连经常会举办各种有趣好玩儿的活动。

★ 关于大连，可以知道什么？

    A 很有名   B 缺水   C 是一个省   D 气候条件差

★ 大连举办各种活动的目的是什么？

    A 保护文化   B 保护环境   C 吸引游客   D 增加收入

三、书写

第一部分

第86-95题：完成句子。

例如：那座桥　　　800年的　　　历史　　　有　　　了

　　　那座桥有800年的历史了。

86. 精彩　　　中国功夫　　　孩子们　　　真　　　表演的

87. 下节课的　　　语法　　　预习　　　正在　　　她

88. 低　　　比市区　　　郊区的　　　房价

89. 由我们　　　这次活动　　　和大使馆　　　共同　　　举办

90. 他　　　非常不满意　　　这个结果　　　让

91. 把　　　妹妹　　　盒子里　　　零钱　　　存到了

92. 我保证　　　抽烟　　　不　　　以后再也　　　了

93. 降落了　　　在　　　飞机　　　首都机场　　　顺利

94. 重点保护的　　　动物　　　受到　　　东北虎是

95. 很　　　问题　　　这个　　　详细　　　她解释得

第二部分

第96-100题：看图，用词造句。

例如： 乒乓球　　她很喜欢打乒乓球。

96.　　　　　　　躺

97.　　　　　　　乱

98.　　　　　　　饺子

99.　　　　　　　批评

100.　　　　　　　价格

汉语水平考试　HSK（四级）　答题卡

一、听力

1. [✓] [X]
2. [✓] [X]
3. [✓] [X]
4. [✓] [X]
5. [✓] [X]

6. [✓] [X]
7. [✓] [X]
8. [✓] [X]
9. [✓] [X]
10. [✓] [X]

11. [A] [B] [C] [D]
12. [A] [B] [C] [D]
13. [A] [B] [C] [D]
14. [A] [B] [C] [D]
15. [A] [B] [C] [D]

16. [A] [B] [C] [D]
17. [A] [B] [C] [D]
18. [A] [B] [C] [D]
19. [A] [B] [C] [D]
20. [A] [B] [C] [D]

21. [A] [B] [C] [D]
22. [A] [B] [C] [D]
23. [A] [B] [C] [D]
24. [A] [B] [C] [D]
25. [A] [B] [C] [D]

26. [A] [B] [C] [D]
27. [A] [B] [C] [D]
28. [A] [B] [C] [D]
29. [A] [B] [C] [D]
30. [A] [B] [C] [D]

31. [A] [B] [C] [D]
32. [A] [B] [C] [D]
33. [A] [B] [C] [D]
34. [A] [B] [C] [D]
35. [A] [B] [C] [D]

36. [A] [B] [C] [D]
37. [A] [B] [C] [D]
38. [A] [B] [C] [D]
39. [A] [B] [C] [D]
40. [A] [B] [C] [D]

41. [A] [B] [C] [D]
42. [A] [B] [C] [D]
43. [A] [B] [C] [D]
44. [A] [B] [C] [D]
45. [A] [B] [C] [D]

二、阅读

46. [A] [B] [C] [D] [E] [F]
47. [A] [B] [C] [D] [E] [F]
48. [A] [B] [C] [D] [E] [F]
49. [A] [B] [C] [D] [E] [F]
50. [A] [B] [C] [D] [E] [F]

51. [A] [B] [C] [D] [E] [F]
52. [A] [B] [C] [D] [E] [F]
53. [A] [B] [C] [D] [E] [F]
54. [A] [B] [C] [D] [E] [F]
55. [A] [B] [C] [D] [E] [F]

56. ＿＿＿
57. ＿＿＿
58. ＿＿＿
59. ＿＿＿
60. ＿＿＿
61. ＿＿＿
62. ＿＿＿
63. ＿＿＿
64. ＿＿＿
65. ＿＿＿

66. [A] [B] [C] [D]
67. [A] [B] [C] [D]
68. [A] [B] [C] [D]
69. [A] [B] [C] [D]
70. [A] [B] [C] [D]

71. [A] [B] [C] [D]
72. [A] [B] [C] [D]
73. [A] [B] [C] [D]
74. [A] [B] [C] [D]
75. [A] [B] [C] [D]

76. [A] [B] [C] [D]
77. [A] [B] [C] [D]
78. [A] [B] [C] [D]
79. [A] [B] [C] [D]
80. [A] [B] [C] [D]

81. [A] [B] [C] [D]
82. [A] [B] [C] [D]
83. [A] [B] [C] [D]
84. [A] [B] [C] [D]
85. [A] [B] [C] [D]

86-100题 →

86. _____ ——

87. _____ ——

88. _____ ——

89. _____ ——

90. _____ ——

91. _____ ——

92. _____ ——

93. _____ ——

94. _____ ——

95. _____ ——

96. _____ ——

97. _____ ——

98. _____ ——

99. _____ ——

100. _____ ——

汉语水平考试
HSK（四级）
模拟试题（一）

注　　意

一、　HSK（四级）分三部分：

　　1. 听力(45题，约30分钟)

　　2. 阅读(40题，40分钟)

　　3. 书写(15题，25分钟)

二、　听力结束后，有5分钟填写答题卡。

三、　全部考试约105分钟(含考生填写个人信息时间5分钟)。

考卷序号	
考生序号	
姓　　名	

一、听力

第一部分

第1-10题：判断对错。

例如：我想去办个信用卡，今天下午你有时间吗？陪我去一趟银行？

    ★ 他打算下午去银行。   （ √ ）

    现在我很少看电视，其中一个原因是，广告太多了，不管什么时间，也不管什么节目，只要你打开电视，总能看到那么多的广告，浪费我的时间。

    ★ 他喜欢看电视广告。   （ × ）

1. ★ 他很熟悉这里的环境。   （   ）

2. ★ 要学会管理时间。   （   ）

3. ★ 《走四方》是一部电影。   （   ）

4. ★ 他经常去游泳。   （   ）

5. ★ 问题已经调查清楚了。   （   ）

6. ★ 他联系上了小陈。   （   ）

7. ★ 他每个月给奶奶写信。   （   ）

8. ★ 那份杂志每两个月出两本。   （   ）

9. ★ 他现在去上海仍然很不方便。   （   ）

10. ★ 必须重视那个会议。   （   ）

第二部分

第11-25题：请选出正确答案。

例如：女：该加油了，去机场的路上有加油站吗？

男：有，你放心吧。

问：男的主要是什么意思？

A 去机场　　　　B 快到了　　　　C 油是满的　　　　D 有加油站 ✓

11. A 开会通知　　　　B 招聘信息　　　　C 电子邮件　　　　D 传真

12. A 顾客　　　　B 房东　　　　C 警察　　　　D 邻居

13. A 护照丢了　　　　B 变黑了　　　　C 长胖了　　　　D 累病了

14. A 忘拿钥匙　　　　B 没塑料袋了　　　　C 没带雨伞　　　　D 家里停电

15. A 收到短信　　　　B 听房东说　　　　C 看到广告　　　　D 听广播

16. A 高速入口　　　　B 交通规则　　　　C 车的质量　　　　D 开车技术

17. A 数学基础好　　　　B 学习努力　　　　C 爱开玩笑　　　　D 对同学不友好

18. A 啤酒节　　　　B 游戏　　　　C 音乐节　　　　D 京剧演出

19. A 父亲生病了　　　　B 肚子不舒服　　　　C 发烧了　　　　D 昨晚在医院

20. A 改开会地址　　　　B 重新发邮件　　　　C 先冷静下来　　　　D 增加参会人数

21. A 她还没搬家　　B 讨厌加班　　C 有个儿子　　D 是老师

22. A 存包　　　　　B 取登机牌　　C 修相机　　D 扔垃圾

23. A 外语流利　　　B 不自信　　　C 知识丰富　　D 不符合条件

24. A 饭店　　　　　B 面包点　　　C 果园　　　D 办公室

25. A 游泳时戴　　　B 是黑色的　　C 是塑料的　　D 能保护眼睛

第 三 部 分

第26-45题：请选出正确答案。

例如：男：把这个文件复印5份，一会儿拿到会议室发给大家。

女：好的。会议是下午三点吗？

男：改了。三点半，推迟了半个小时。

女：好，602会议室没变吧？

男：对，没变。

问：会议几点开始？

A 两点　　　　　B 三点　　　　　C 15：30 √　　　　D 18：00

26.　A 他文章写得好　B 他力气大　　C 他工作了两年　D 他是研究生

27.　A 图书馆　　　　B 教室　　　　C 公园　　　　　D 大使馆

28.　A 多练习语法　　B 多听多说　　C 报名参赛　　　D 多翻译文章

29.　A 景色美　　　　B 空气好　　　C 很安静　　　　D 保护得很好

30.　A 买机票　　　　B 去大使馆　　C 整理行李箱　　D 上网查信息

31.　A 鼻子难受　　　B 眼睛不舒服　C 咳嗽很严重　　D 发烧了

32.　A 爷爷　　　　　B 叔叔　　　　C 爸爸　　　　　D 姐姐

33.　A 今年50岁　　　B 想当医生　　C 成绩不合格　　D 不理解爷爷

34.　A 西红柿　　　　B 巧克力　　　C 饺子　　　　　D 蛋糕

35.	A 袜子	B 眼镜	C 垃圾	D 钥匙
36.	A 为什么坐着	B 邮局怎么走	C 父母是否在家	D 关门了吗
37.	A 来晚了	B 敲错了门	C 很好骗	D 不太礼貌
38.	A 走开了	B 变得兴奋	C 回过了头	D 一边叫一边跑
39.	A 联系太少	B 很可怜	C 无法交流	D 有误会
40.	A 影院环境差	B 声音不清楚	C 故事太老了	D 演员演得不好
41.	A 只看优点	B 多鼓励	C 要求更严	D 不给机会
42.	A 植物多	B 气候变化大	C 几乎不下雨	D 都是汉族人
43.	A 巧克力	B 饺子	C 香水	D 小吃
44.	A 拿上伞	B 多喝水	C 穿凉鞋	D 穿短裤
45.	A 太阳和月亮	B 要保护皮肤	C 刷牙的好处	D 怎样打扮

二、阅读

第一部分

第46-50题：选词填空。

A 不管　　　B 麻烦　　　C 存　　　D 坚持　　　E 幸福　　　F 丰富

例如：她每天都（ D ）走路上下班，所以身体一直很不错。

46. 看着眼前的这本日记，她慢慢回忆起了年少时的（　　　）与烦恼。

47. （　　　）出现什么问题，请及时与我们联系。

48. 很抱歉给大家带来了（　　　），同时也非常感谢各位的理解与支持。

49. 好文章往往内容（　　　），信息准确，而且语言幽默有趣。

50. 哥哥每个月都会把收入中的一部分（　　　）进银行。

第51-55题：选词填空。

　　　　A 尤其　　　B 空气　　　C 温度　　　D 打扰　　　E 提供　　　F 够

例如：A：今天真冷啊，好像白天最高（　C　）才2℃。

　　　　B：刚才电视里说明天更冷。

51. A：今天天气这么冷，你为什么还开窗户呢？

　　　B：我想给房间换点儿新鲜（　　　），一会儿就关上。

52. A：（　　　）你这么久，我也该走了。谢谢你一直这么照顾我。

　　　B：别这么说，有空儿再来吧。

53. A：语言是用来交流的，只记字典、词典里的字、词是不（　　　）的，要多听多说。

　　　B：对，这才是学习汉语的好办法。

54. A：这个巧克力的广告太浪漫了！

　　　B：对，很有特点，（　　　）是里面的音乐，我特别喜欢。

55. A：从他（　　　）的这些信息来看，这个包确实是他的。

　　　B：既然这样，那通知他来取吧。

第 二 部 分

第56-65题：排列顺序。

例如：A 可是今天起晚了

　　　 B 平时我骑自行车上下班

　　　 C 所以就打车来公司　　　　　　　　　　　　　B　A　C

56. A 今天风刮得特别大

　　 B 气温也很低，路上几乎没有人

　　 C 但他还是按照原来的计划出门了　　　　　　_____

57. A 大部分人都会使用公交卡

　　 B 因为它不但用起来方便，而且比用现金便宜

　　 C 在北京坐公交车很少有人准备零钱了　　　　_____

58. A 想吃的话就得很早去排队

　　 B 这家店的饺子非常有名，而且特别好吃

　　 C 然而他们每天只卖两百份　　　　　　　　　_____

59. A 可以说是全世界最长的手机号了

　　 B 比如，中国的手机号码有11位数

　　 C 很多国家手机号码的位数是不同的　　　　　_____

60. A 这个学期我选了很多课

    B 因为有些课太难了，要花很多功夫预习和复习

    C 不过我现在特别后悔 ＿＿＿＿＿＿＿＿＿＿＿

61. A 有些人甚至专门写过这方面的书

    B 很多人都曾经试着对梦进行解释

    C 可惜到现在仍然没有一个科学的说法 ＿＿＿＿＿＿＿＿＿＿＿

62. A 互联网的发展改变了我们的学习方式

    B 甚至还能听到国外老师讲的课

    C 比如，在家上网就能与老师面对面交流 ＿＿＿＿＿＿＿＿＿＿＿

63. A 所以最后只能走楼梯上来

    B 也没把它搬进电梯里

    C 这个沙发太长了，我们一开始试了半天 ＿＿＿＿＿＿＿＿＿＿＿

64. A 性格幽默的人不是没有烦恼

    B 只是他们懂得用幽默的方式

    C 让自己过得轻松愉快 ＿＿＿＿＿＿＿＿＿＿＿

65. A 像上海科技馆、上海世纪公园等地方

    B 上海旅游节活动已经开始了

    C 门票价格都是平时的一半儿 ＿＿＿＿＿＿＿＿＿＿＿

第三部分

第66-85题：请选出正确答案。

例如：她很活泼，说话很有趣，总能给我们带来快乐，我们都很喜欢和她在一起。

★ 她是个什么样的人？

A 幽默 ✓   B 马虎   C 骄傲   D 害羞

66. 这次校园音乐会举办得很成功，尽管每个人都很累，但是观众的热情让他们很感动。

★ 校园音乐会：

A 举行了一周   B 办得非常好   C 在年底举办   D 邀请了名人

67. 每年三月的最后一个星期六，很多城市会在这天晚上7点半关一个小时的灯，来表示他们对环境保护的支持，同时也提醒人们节约用电，这就是"地球一小时"活动。

★ "地球一小时"活动希望人们：

A 对人友好   B 早睡早起   C 保护环境   D 多阅读

68. 我试听了赵老师的一节法律课后，就决定这学期选她的课。她在课上总能用幽默有趣的语言把复杂的内容讲得简单易懂，让学生轻松地学到很多知识。

★ 他认为赵老师的课：

A 简单易懂   B 让人紧张   C 没有吸引力   D 内容太简单

69. 杨洋学习成绩优秀，专业课年级第一。因此他可以直接申请读研究生，不用参加入学考试。

★ 杨洋：

A 想当医生   B 学习很优秀   C 拿了奖学金   D 要去留学

70. 互联网改变了人们叫出租车的习惯。现在你在家就可以通过手机提前叫车，尤其是刮风下雨的时候，再也不用在街上苦等了。

   ★ 根据这段话，人们可以在手机上：

   A 打印登机牌　　　B 查成绩　　　C 学普通话　　　D 叫出租车

71. 保护环境不能只是一句空话，我们每个人都要从身边的小事做起：不浪费水、电，少使用空调，多乘坐公共汽车和地铁，养成节约的好习惯。

   ★ 为了保护环境，我们要：

   A 节约用电　　　B 不抽烟　　　C 少用筷子　　　D 偶尔跑跑步

72. 无论做什么事情，都应该选好方向再出发。有的人提前上路，却因为没有目的，浪费了许多时间，最后还赶不上后来出发的人。因此，对于没有方向的人来说，可能许多努力都是无用的。

   ★ 这段话告诉我们要：

   A 多听意见　　　B 安排好工作　　　C 选好方向　　　D 有礼貌

73. 父母在选购儿童安全座椅时，不仅要考虑质量和价格，还要考虑到孩子的性别、年龄、身高和体重等问题。贵的不一定效果好，只有适合的才是最好的。

   ★ 选购儿童安全座椅时，别：

   A 听售货员的　　　B 买太轻的　　　C 选黑色的　　　D 只爱看价格

74. 这位教授是专门研究儿童教育的，他每周五都会来我们学校给教育专业的学生上课。

   ★ 那位教授：

   A 爱看新闻　　　B 一周来一次　　　C 研究经济　　　D 声音很小

75. 对于超出自己能力的事情，我们应该勇敢地学会放弃，否则我们可能会浪费很多时间和力气去做一件不值得做的事情。

   ★ 对于自己办不到的事情，我们应该：

   A 找人帮忙　　　B 提高能力　　　C 学会放弃　　　D 勇敢接受

76. 我是在上海出生的，不过小学三年级时就跟父母搬到了北京。这次去上海出差，我终于有机会看看这个小时候生活过的地方了。

★ 这次他回上海是为了：

A 出差　　　　　B 看亲戚　　　　　C 做调查　　　　　D 结婚

77. 我是个方向感很差的人。天晴时我可以根据太阳判断方向，但阴天就没办法了，所以总是迷路。不过有了手机地图后，无论天气怎样，我都不会迷路了。

★ 他：

A 雨天不出门　　　B 看不懂地图　　　C 喜欢散步　　　D 方向感不好

78. 小王，听说你打棒球很厉害。公司下个月要举办棒球比赛，你要不要报名啊？第一名还有一万五的奖金呢。

★ 棒球比赛：

A 结束了　　　　B 下个月举行　　　C 报名人数多　　　D 由学校举办

79. 每年体检究竟要查什么、怎么查，并不是所有人都清楚。其实，除了一般体检外，每个人还应根据自己的年龄、性别和职业等情况，增加体检内容，做一张适合自己的体检表。

★ 这段话主要讲的是什么？

A 体检顺序　　　B 对体检的建议　　　C 体检的作用　　　D 体检过程

80-81.

汽车的天窗作用很大。每次上车后，应该马上打开天窗，这样不仅能让外面新鲜干净的空气进入车内，还能有效减少车内的污染物。在夏季，汽车的车内温度往往比车外还高，要想快速降低车内温度，一个有效地方法就是在打开空调的同时打开汽车的天窗，等车内热气跑光后，再将天窗关上。

★ 上车后打开天窗，可以：

A 降低污染　　　B 让人愉快　　　C 判断方向　　　D 提高车内温度

★ 这段话主要谈的是什么？

A 降温的方法　　　B 空调的优点　　　C 汽车的特点　　　D 天窗的作用

82-83.

　　选择工作时，首先要考虑的不是你每个月能赚多少钱，而是你能从中学到多少东西。尤其是对于刚刚参加工作的人来说，最重要的是提高解决问题的能力，学会与人交流的方法，丰富自己的工作经验。只有在工作中学会这些书本上没有的东西，才能获得更大的发展，而这是无论花多少钱都无法买到的。

　　★ 选择工作时，首先考虑的应该是：

　　　A 奖金　　　　　B 交通情况　　　　C 能否学到东西　　　D 专业是否适合

　　★ 对刚参加工作的人来说，下列哪个最重要？

　　　A 积累经验　　　B 坚持理想　　　　C 增加收入　　　　　D 养成好习惯

84-85.

　　哥哥很爱旅行，但很少"说走就走"。旅行前好几个月，他就开始阅读一些关于他将要去那个城市的历史和文化方面的书。他一直认为，旅行的重点是积累知识和经验，只有做好这些准备，旅行才更有意思。

　　★ 哥哥认为旅游的好处是：

　　　A 放松心情　　　B 积累知识　　　　C 留下回忆　　　　　D 认识朋友

　　★ 上文中"这些准备"指的是：

　　　A 听广播　　　　B 写日记　　　　　C 看书　　　　　　　D 锻炼身体

三、书写

第一部分

第86-95题：完成句子。

例如：那座桥　　　800年的　　　历史　　　有　　　了

　　　　那座桥有800年的历史了。　　　　　　　　　　

86. 好看　　　眼镜　　　你戴这个　　　很

87. 完成了　　　一半儿的人按时　　　超过　　　任务

88. 十分　　　我　　　景色　　　这里的　　　吸引

89. 脾气　　　我　　　后悔对她　　　十分　　　发了

90. 重新　　　一遍　　　你能　　　讲　　　吗

91. 被　　　他的书　　　十几种语言　　　翻译成了

92. 你的　　　最让我　　　态度　　　伤心的是

93. 味道　　　这种药　　　苦　　　的　　　没那么

94. 请将　　　按大小顺序　　　这些数字　　　重新排列

95. 自信　　　老师的　　　使他　　　鼓励　　　越来越

第二部分

第96-100题：看图，用词造句。

例如：　　　　　　　　　　乒乓球　　　她很喜欢打乒乓球。

96.　　　　　　　　　　　导游

97.　　　　　　　　　　　降落

98.　　　　　　　　　　　倒

99.　　　　　　　　　　　困

100.　　　　　　　　　　日记

汉语水平考试　HSK (四级)　答题卡

—— 请填写考生信息 ——

按照考试证件上的姓名填写:

| 姓名 | |

如果有中文姓名，请填写:

| 中文姓名 | |

考生序号	[0] [1] [2] [3] [4] [5] [6] [7] [8] [9]
	[0] [1] [2] [3] [4] [5] [6] [7] [8] [9]
	[0] [1] [2] [3] [4] [5] [6] [7] [8] [9]
	[0] [1] [2] [3] [4] [5] [6] [7] [8] [9]
	[0] [1] [2] [3] [4] [5] [6] [7] [8] [9]

—— 请填写考点信息 ——

考点代码	[0] [1] [2] [3] [4] [5] [6] [7] [8] [9]
	[0] [1] [2] [3] [4] [5] [6] [7] [8] [9]
	[0] [1] [2] [3] [4] [5] [6] [7] [8] [9]
	[0] [1] [2] [3] [4] [5] [6] [7] [8] [9]
	[0] [1] [2] [3] [4] [5] [6] [7] [8] [9]
	[0] [1] [2] [3] [4] [5] [6] [7] [8] [9]
	[0] [1] [2] [3] [4] [5] [6] [7] [8] [9]

国籍	[0] [1] [2] [3] [4] [5] [6] [7] [8] [9]
	[0] [1] [2] [3] [4] [5] [6] [7] [8] [9]
	[0] [1] [2] [3] [4] [5] [6] [7] [8] [9]

| 年龄 | [0] [1] [2] [3] [4] [5] [6] [7] [8] [9] |
| | [0] [1] [2] [3] [4] [5] [6] [7] [8] [9] |

| 性别 | 男 [1] 女 [2] |

注意　请用2B铅笔这样写: ■■

一、听力

1. [✓] [X]　　6. [✓] [X]　　11. [A] [B] [C] [D]　　16. [A] [B] [C] [D]　　21. [A] [B] [C] [D]
2. [✓] [X]　　7. [✓] [X]　　12. [A] [B] [C] [D]　　17. [A] [B] [C] [D]　　22. [A] [B] [C] [D]
3. [✓] [X]　　8. [✓] [X]　　13. [A] [B] [C] [D]　　18. [A] [B] [C] [D]　　23. [A] [B] [C] [D]
4. [✓] [X]　　9. [✓] [X]　　14. [A] [B] [C] [D]　　19. [A] [B] [C] [D]　　24. [A] [B] [C] [D]
5. [✓] [X]　　10. [✓] [X]　　15. [A] [B] [C] [D]　　20. [A] [B] [C] [D]　　25. [A] [B] [C] [D]

26. [A] [B] [C] [D]　　31. [A] [B] [C] [D]　　36. [A] [B] [C] [D]　　41. [A] [B] [C] [D]
27. [A] [B] [C] [D]　　32. [A] [B] [C] [D]　　37. [A] [B] [C] [D]　　42. [A] [B] [C] [D]
28. [A] [B] [C] [D]　　33. [A] [B] [C] [D]　　38. [A] [B] [C] [D]　　43. [A] [B] [C] [D]
29. [A] [B] [C] [D]　　34. [A] [B] [C] [D]　　39. [A] [B] [C] [D]　　44. [A] [B] [C] [D]
30. [A] [B] [C] [D]　　35. [A] [B] [C] [D]　　40. [A] [B] [C] [D]　　45. [A] [B] [C] [D]

二、阅读

46. [A] [B] [C] [D] [E] [F]　　51. [A] [B] [C] [D] [E] [F]
47. [A] [B] [C] [D] [E] [F]　　52. [A] [B] [C] [D] [E] [F]
48. [A] [B] [C] [D] [E] [F]　　53. [A] [B] [C] [D] [E] [F]
49. [A] [B] [C] [D] [E] [F]　　54. [A] [B] [C] [D] [E] [F]
50. [A] [B] [C] [D] [E] [F]　　55. [A] [B] [C] [D] [E] [F]

56. ＿＿＿　　58. ＿＿＿　　60. ＿＿＿　　62. ＿＿＿　　64. ＿＿＿

57. ＿＿＿　　59. ＿＿＿　　61. ＿＿＿　　63. ＿＿＿　　65. ＿＿＿

66. [A] [B] [C] [D]　　71. [A] [B] [C] [D]　　76. [A] [B] [C] [D]　　81. [A] [B] [C] [D]
67. [A] [B] [C] [D]　　72. [A] [B] [C] [D]　　77. [A] [B] [C] [D]　　82. [A] [B] [C] [D]
68. [A] [B] [C] [D]　　73. [A] [B] [C] [D]　　78. [A] [B] [C] [D]　　83. [A] [B] [C] [D]
69. [A] [B] [C] [D]　　74. [A] [B] [C] [D]　　79. [A] [B] [C] [D]　　84. [A] [B] [C] [D]
70. [A] [B] [C] [D]　　75. [A] [B] [C] [D]　　80. [A] [B] [C] [D]　　85. [A] [B] [C] [D]

86-100题 →

三、书写

86. _____ —

87. _____ —

88. _____ —

89. _____ —

90. _____ —

91. _____ —

92. _____ —

93. _____ —

94. _____ —

95. _____ —

96. _____ —

97. _____ —

98. _____ —

99. _____ —

100. _____ —

2025 에듀윌 산업안전산업기사 필기

FINAL 실전 모의고사
정답과 해설

획득점수를 빠르게 확인하는 빠른 정답표

확실하게 이해하고 넘어가는 관련개념

실전 모의고사 1회

001	002	003	004	005	006	007	008	009	010	011	012	013	014	015
④	④	①	③	③	③	②	①	①	②	①	②	③	②	③
016	017	018	019	020	021	022	023	024	025	026	027	028	029	030
④	②	①	③	①	②	①	①	②	③	②	③	①	②	③
031	032	033	034	035	036	037	038	039	040	041	042	043	044	045
④	②	①	④	④	②	③	④	④	②	③	②	③	③	②
046	047	048	049	050	051	052	053	054	055	056	057	058	059	060
②	①	④	④	④	②	①	②	③	④	④	①	①	③	②
061	062	063	064	065	066	067	068	069	070	071	072	073	074	075
③	①	③	④	④	②	①	②	④	①	③	①	④	④	④
076	077	078	079	080	081	082	083	084	085	086	087	088	089	090
③	④	③	③	②	③	③	①	①	①	④	④	②	①	②
091	092	093	094	095	096	097	098	099	100					
④	①	①	③	④	②	②	④	②						

001 교육훈련 평가의 4단계는 반응 → 학습 → 행동 → 결과이다.

002 경작업용 안전화란 250[mm]의 낙하높이에서 시험했을 때 충격과 (4.4±0.1)[kN]의 압축하중에서 시험했을 때 압박에 대하여 보호해 줄 수 있는 선심을 부착하여, 착용자를 보호하기 위한 안전화를 말한다.

003

단계	의식의 상태	신뢰성	의식의 작용	생리적 상태
Phase I	의식의 둔화	0.9 이하	부주의	피로, 단조로움, 졸음, 술취함

004 합리화(변명)는 너무 고통스럽기 때문에 인정할 수 없는 실제 이유 대신에 자기 행동에 그럴듯한 이유를 붙이는 방어기제이다.

005 안전인증대상 안전모의 시험성능기준
- 내관통성
- 충격흡수성
- 내전압성
- 내수성
- 난연성
- 턱끈 풀림

006 E(Existence): 존재욕구
생리적 욕구나 안전의 욕구와 같이 인간이 자신의 존재를 확보하는 데 필요한 욕구이다. 여기에는 급여, 부가급, 육체적 작업에 대한 욕구 그리고 물질적 욕구가 포함된다.

007 재해예방의 4원칙
① 대책선정의 원칙: 재해예방을 위한 가능한 안전대책은 반드시 존재한다.
② 원인계기(원인연계)의 원칙: 재해발생은 반드시 원인이 있다.
③ 손실우연의 원칙: 재해손실은 사고발생 시 사고대상의 조건에 따라 달라지므로, 한 사고의 결과로서 생긴 재해손실은 우연성에 의해서 결정된다.
④ 예방가능의 원칙: 재해는 원칙적으로 원인만 제거하면 예방이 가능하다.

008 지적확인에 대한 설명이다.

> **관련개념 지적확인**
>
> 작업의 정확성이나 안전을 확인하기 위해 오관의 감각기관을 이용하여 작업시작 전에 뇌를 자극시켜 안전을 확보하기 위한 기법으로 작업을 안전하게 오조작 없이 실시하기 위해 작업공정의 각 요소에서 자신의 행동을 「…, 좋아!」하고 대상을 지적하여 큰소리로 확인하는 것이다.

009 하인리히(H. W. Heinrich)의 도미노 이론(사고발생의 연쇄성)
1단계: 사회적 환경 및 유전적 요소(기초 원인)
2단계: 개인의 결함(간접 원인)
3단계: 불안전한 행동 및 불안전한 상태(직접 원인) → 제거(효과적임)
4단계: 사고
5단계: 재해

010 파지(Retention)는 과거의 학습경험이 어떠한 형태로 현재와 미래의 행동에 영향을 주는 작용이다.

> **관련개념 기억의 4단계**
>
> • 기명: 사물, 현상, 정보 등을 마음에 간직하는 것
> • 파지: 사물, 현상, 정보 등이 보존(지속)되는 것
> • 재생: 보존된 인상이 다시 의식으로 떠오르는 것
> • 재인: 과거에 경험했던 것과 비슷한 상태에 부딪혔을 때 떠오르는 것

011 선택성
한 번에 많은 종류의 자극을 받을 때 소수의 특정한 것에만 반응하는 성질이다.

012 산업안전심리의 요소
• 동기(Motive) • 기질(Temper) • 감정(Emotion)
• 습성(Habits) • 습관(Custom)

013 테크니컬 스킬즈란 사물을 인간에 유익하도록 처리하는 능력을 말한다.

014 지시표지의 기본모형은 원형이다.

015 매슬로우(Maslow)는 5단계로 구성된 욕구위계이론을 발표했다.

> **관련개념 매슬로우(Maslow)의 욕구위계이론**
>
> 제1단계: 생리적 욕구
> 제2단계: 안전의 욕구
> 제3단계: 사회적 욕구(친화 욕구)
> 제4단계: 자기존경의 욕구(안정 또는 자기존중의 욕구)
> 제5단계: 자아실현의 욕구(성취욕구)

016 물적 손해만의 사고가 120건 발생하면 상해도 손해도 없는 사고는 2,400건 발생한다.

> **관련개념 버드의 법칙**
>
> 1 : 10 : 30 : 600
> • 1: 중상(중증요양상태) 또는 사망
> • 10: 경상(물적, 인적 상해)
> • 30: 무상해사고(물적 손실 발생)
> • 600: 무상해, 무사고 고장(위험 순간)
> 30 : 600 = 120 : X, X = 2,400

017 자주활동의 원칙은 무재해 운동의 3원칙에 해당되지 않는다.

> **관련개념 무재해 운동의 3원칙**
>
> • 무의 원칙
> • 참여의 원칙(참가의 원칙)
> • 안전제일의 원칙(선취의 원칙)

018 교육의 3요소
• 주체 : 강사
• 객체 : 수강자(학생)
• 매개체 : 교재(교육내용)

019 안전교육의 3단계
1단계: 지식교육 – 지식의 전달과 이해
2단계: 기능교육 – 실습, 시범을 통한 이해
3단계: 태도교육 – 안전의 습관화

020 근로자 안전보건교육의 교육과정에 검사원 정기점검교육과정은 없다.

> **관련개념 근로자 안전보건교육 교육과정**
>
> • 정기교육
> • 채용 시 교육
> • 작업내용 변경 시 교육
> • 특별교육
> • 건설업 기초안전 · 보건교육

021 정보가 시간적인 사건을 다루는 경우에는 청각적 표시장치의 사용이 시각적 표시장치 사용보다 더 유리하다.

022 통제표시비(선형조정장치)
$$\frac{C}{R} = \frac{통제기기의 \ 변위량}{표시계기지침의 \ 변위량}$$
$\frac{C}{R}$비가 작으면 조종장치를 조금만 움직여도 표시장치의 지침이 많이 움직이므로 이동시간은 작아지지만 상대적으로 조심스럽게 제어해야 하므로 조정시간이 많이 걸린다.

023 컷셋(Cut Set)

정상사상을 발생시키는 기본사상의 집합으로 그 안에 모든 기본사상이 발생할 때 정상사상을 발생시키는 기본사상의 집합이다.

024 ① 가장 먼저 고려해야 할 설계는 조절식 설계이다.

③ 의자의 너비는 최대치 설계로 한다.

④ 최대치 설계의 경우, 상위 백분위 수 기준 90, 95, 99[%tile]로 한다.

025 시스템 위험성의 심각도 분류

범주(Category) Ⅰ 파국(Catastrophic)	인원의 사망 또는 중상, 완전한 시스템의 손상을 일으킴
범주(Category) Ⅱ 중대(위기)(Critical)	인원의 상해 또는 주요 시스템의 생존을 위해 즉시 시정조치 필요
범주(Category) Ⅲ 한계(Marginal)	시스템의 성능 저하나 인원의 상해 또는 중대한 시스템의 손상없이 배제 또는 제거 가능
범주(Category) Ⅳ 무시(Negligible)	인원의 손상이나 시스템의 성능 기능에 손상이 일어나지 않음

026 결함수분석(FTA)은 연역적, 정성적, 정량적인 방법이다.

관련개념	FTA의 기대효과

- 사고원인 규명의 간편화
- 사고원인 분석의 일반화
- 사고원인 분석의 정량화
- 노력, 시간의 절감
- 시스템의 결함 진단
- 안전점검 체크리스트 작성

027 반복되는 사건이 많은 경우 Limnios & Ziani Algorithm을 이용하는 것이 더 유리하다.

028 수공구와 장치 설계 시 최대한 공구의 무게를 줄이고, 사용 시 무게 균형이 유지되도록 설계하여야 한다.

029 $[\text{sone}]$치$=2^{\frac{[\text{phon}]-40}{10}}=2^{\frac{60-40}{10}}=4[\text{sone}]$

030 양립성(Compatibility)

안전을 근원적으로 확보하기 위한 전략으로서 외부의 자극과 인간의 기대가 서로 모순되지 않아야 하는 것이고 제어장치와 표시장치 사이의 연관성이 인간의 예상과 어느 정도 일치하는가 여부이다.

031

기호	명칭	설명
	통상사상	통상발생이 예상되는 사상

032 소음이란 소음성 난청을 유발할 수 있는 85[dB] 이상의 시끄러운 소리를 말한다.

033 초기고장은 제조가 불량하거나 생산과정에서 품질관리가 안 되어서 생기는 고장으로 시운전만으로도 예방가능하다.

034 위험성 및 운전성 검토(HAZOP)

각각의 장비에 대해 잠재된 위험이나 기능저하, 운전, 잘못 등과 전체로서의 시설에 결과적으로 미칠 수 있는 영향 등을 평가하기 위해서 공정이나 설계도 등에 체계적, 비판적 검토를 행하는 것을 말한다.

035 휴식시간 산정

- 작업의 평균에너지 소비량

  산소 1[L]당 5[kcal]의 에너지를 소모하기 때문에 작업 시 에너지 소비량을 계산할 때에는 분당 산소 소비량에 5[kcal/L]를 곱한다.

  $1.1[\text{L/min}] \times 5[\text{kcal/L}] = 5.5[\text{kcal/min}]$

- 전체작업시간$=8[\text{h}] \times 60[\text{min/h}] = 480[\text{min}]$

- 휴식시간$(R) = \dfrac{480(E-5)}{E-1.5} = \dfrac{480 \times (5.5-5)}{5.5-1.5} = 60[\text{min}]$

  여기서, E: 작업의 평균에너지 소비량[kcal/min]

036 부품배치의 원칙

- 중요성의 원칙
- 사용빈도의 원칙
- 기능별 배치의 원칙
- 사용순서의 원칙

037 지식에 기초한 행동에 의해 발생하는 오류이다.

관련개념	휴먼에러(Human Error)의 원인적 분류

- 기능에 기초한 행동(Skill-based Behavior): 부주의에 의한 실수, 단기기억의 한계로 인한 에러
- 규칙에 기초한 행동(Rule-based Behavior): 평소의 규칙을 변화한 환경에 적용하여 발생하는 에러
- 지식에 기초한 행동(Knowledge-based Behavior): 관련 지식이 없어 유추나 추론을 통해 과정을 수행하던 중 판단오류로 인해 발생하는 에러

038 인간과 기계(환경) 인터페이스 설계에서의 인간과 기계의 조화성은 다음 3가지 차원이 고려되어야 한다.

- 인지적 조화성
- 감성적 조화성
- 신체적 조화성

039 청각적 경계 및 경보신호 선택 시 귀는 중음역에 가장 민감하므로 500~3,000[Hz]를 사용한다.

040 옥스퍼드(Oxford) 지수(습건지수)

$W_D = 0.85\text{W}(습구온도) + 0.15\text{D}(건구온도)$

$\quad = 0.85 \times 32 + 0.15 \times 38 = 32.9[℃]$

041 구내운반차 사용 시 준수사항
- 주행을 제동하거나 정지상태를 유지하기 위하여 유효한 제동장치를 갖출 것
- 경음기를 갖출 것
- 운전석이 차 실내에 있는 것은 좌우에 한 개씩 방향지시기를 갖출 것
- 전조등과 후미등을 갖출 것

042 연삭숫돌을 사용하는 작업의 경우 작업을 시작하기 전에는 1분 이상, 연삭숫돌을 교체한 후에는 3분 이상 시험운전을 하고 해당 기계에 이상이 있는지를 확인하여야 한다.

043 $동하중 = \dfrac{정하중}{중력가속도} \times 가속도 = \dfrac{1,000}{10} \times 20 = 2,000[\text{kgf}]$

총 하중 = 정하중 + 동하중 = 1,000 + 2,000 = 3,000[kgf]

044 도수율(빈도율)

$도수율 = \dfrac{재해건수}{연근로시간 수} \times 1,000,000$

$= \dfrac{4}{75 \times (8 \times 320)} \times 1,000,000 = 20.83$

045 프레스 등의 금형을 부착·해체 또는 조정하는 작업을 할 때 해당 작업에 종사하는 근로자의 신체가 위험한계 내에 있는 경우 슬라이드가 갑자기 작동함으로써 근로자에게 발생할 우려가 있는 위험을 방지하기 위하여 안전블록을 사용하는 등 필요한 조치를 하여야 한다.

046

047 분할날의 두께는 톱날 두께의 1.1배 이상이어야 한다.
따라서 $3 \times 1.1 = 3.3[\text{mm}]$ 이상의 분할날이 필요하다.

048 작업에 종사하고 있는 근로자 또는 그 근로자를 감시하는 사람은 이상을 발견하면 즉시 로봇의 운전을 정지시키기 위한 조치를 하여야 한다.

049 컨베이어의 종류
- 롤러(Roller) 컨베이어
- 스크루(Screw) 컨베이어
- 벨트(Belt) 컨베이어
- 체인(Chain) 컨베이어
- 유체 컨베이어

050 ④는 컨베이어 등을 사용하여 작업을 할 때 작업시작 전 점검사항이다.

관련개념	이동식 크레인 작업시작 전 전검사항

- 권과방지장치나 그 밖의 경보장치의 기능
- 브레이크·클러치 및 조정장치의 기능
- 와이어로프가 통하고 있는 곳 및 작업장소의 지반상태

051 안전밸브는 안전밸브를 통하여 보호하려는 설비의 최고사용압력 이하에서 작동되도록 하여야 한다.

052 양수기동식 방호장치의 안전거리

$$T_m = \left(\dfrac{1}{2} + \dfrac{1}{클러치\ 개소\ 수} \right) \times \dfrac{60}{매분\ 행정\ 수[\text{SPM}]}$$

$$= \left(\dfrac{1}{2} + \dfrac{1}{4} \right) \times \dfrac{60}{300} = 0.15 이므로$$

$$D_m = 1,600 \times T_m = 1,600 \times 0.15 = 240[\text{mm}]$$

여기서, D_m : 안전거리[mm]

$\quad\quad\quad T_m$: 슬라이드가 하사점에 도달하기까지의 소요 최대시간[초]

053 끼임점(Shear Point)

기계의 고정부분과 회전 또는 직선운동 부분 사이에 형성되는 위험점이다. 예 회전 풀리와 베드 사이, 연삭숫돌과 작업대, 교반기의 날개와 하우스

054 광전자식 방호장치의 안전거리

$$D = 1,600 \times (T_c + T_s) = 1,600 \times (0.03 + 0.2) = 368[\text{mm}]$$

여기서, T_c : 방호장치의 작동시간[초]

$\quad\quad\quad T_s$: 프레스의 최대정지시간[초]

055 매니퓰레이터(Manipulator)

산업용 로봇에 있어서 인간의 팔에 해당하는 암(Arm)이 기계 본체의 외부에 조립되어 암의 끝부분으로 물건을 잡기도 하고 도구를 잡고 작업을 행하기도 하는데, 이와 같은 기능을 갖는 암을 매니퓰레이터라고 한다. 산업용 로봇에 의한 재해는 주로 이 매니퓰레이터에서 발생하고 있다.

056 급정지장치의 성능

앞면 롤러의 표면속도[m/min]	급정지거리
30 미만	앞면 롤러 원주의 $\dfrac{1}{3}$ 이내
30 이상	앞면 롤러 원주의 $\dfrac{1}{2.5}$ 이내

057 드릴작업 중 물건은 바이스나 클램프를 사용하여 고정시켜야 하며, 손으로 쥐고 구멍을 뚫는 것은 위험하다.

058 가스집합장치는 화기를 사용하는 설비로부터 5[m] 이상 떨어진 장소에 설치하여야 한다.

059 작업높이보다 길이가 긴 것을 사용하여야 한다.

| 관련개념 | 섬유로프의 사용금지기준 |

- 꼬임이 끊어진 것
- 심하게 손상되거나 부식된 것
- 2개 이상의 작업용 섬유로프 또는 섬유벨트를 연결한 것
- 작업높이보다 길이가 짧은 것

060 지게차 헤드가드의 강도는 지게차의 최대하중의 2배 값(4톤을 넘는 값에 대해서는 4톤)의 등분포정하중에 견딜 수 있는 것이어야 한다.

061 왼손－가슴의 위험도가 1.5로 가장 높다.

| 관련개념 | 통전경로별 위험도 |

숫자가 클수록 위험도가 높아진다.

통전경로	위험도	통전경로	위험도
왼손－가슴	1.5	왼손－등	0.7
오른손－가슴	1.3	한손 또는 양손－앉아 있는 자리	0.7
왼손－한발 또는 양발	1.0	왼손－오른손	0.4
양손－양발	1.0	오른손－등	0.3
오른손－한발 또는 양발	0.8		

062 방폭전기기기별 선정 시 고려사항
- 내압방폭구조: 최대안전틈새
- 본질안전방폭구조: 최소점화전류
- 안전증방폭구조: 최고표면온도

063 물체의 표면온도는 정전기의 발생에 영향을 주지 않는다.

| 관련개념 | 정전기 발생에 영향을 주는 요인 |

- 물체의 특성
- 물체의 표면상태
- 물질의 이력
- 접촉면적 및 압력
- 분리속도

064 선간전압이 2[kV] 초과 15[kV] 이하일 경우 충전전로에 대한 접근한계거리는 60[cm]이다.

065 해당 꽂음접속기에 잠금장치가 있을 경우에는 접속 후 잠그고 사용하여야 한다.

| 관련개념 | 꽂음접속기 설치·사용 시 준수사항 |

- 서로 다른 전압의 꽂음접속기는 서로 접속되지 아니한 구조의 것을 사용할 것
- 습윤한 장소에 사용되는 꽂음접속기는 방수형 등 그 장소에 적합한 것을 사용할 것
- 근로자가 해당 꽂음접속기를 접속시킬 경우에는 땀 등으로 젖은 손으로 취급하지 않도록 할 것
- 해당 꽂음접속기에 잠금장치가 있는 경우에는 접속 후 잠그고 사용할 것

066 ②번이 정전기 재해의 방지대책으로 가장 적절하다.

| 관련개념 | 정전기 대전방지 대책 |

- 도체와 부도체의 대전방지
- 접지에 의한 대전방지
- 유속제한 및 정치시간에 의한 대전방지
- 대전방지제의 사용
- 가습
- 도전성 섬유의 사용
- 대전체의 차폐
- 제전기 사용
- 보호구 착용

067 감전보호용 누전차단기
정격감도전류 30[mA] 이하, 동작시간 0.03초 이내

068 $I = \dfrac{165}{\sqrt{T}} = \dfrac{165}{\sqrt{1}} = 165[\text{mA}]$

여기서, I: 심실세동전류[mA]
T: 통전시간[s]

069 계통접지방식: TN, TT, IT 방식

070 고정 설치되거나 고정배선에 접속된 전기기계·기구의 노출된 비충전 금속체 중 충전될 우려가 있는 접지 대상은 다음과 같다.
- 지면이나 접지된 금속체로부터 수직거리 2.4[m], 수평거리 1.5[m] 이내인 것
- 물기 또는 습기가 있는 장소에 설치되어 있는 것
- 금속으로 되어 있는 기기접지용 전선의 피복·외장 또는 배선관 등
- 사용전압이 대지전압 150[V]를 넘는 것

071 물질이 연소하기 위해서는 가연성 물질(가연물), 산소공급원(공기 또는 산소), 점화원(불씨)이 필요하며 이들을 연소의 3요소라 한다. 연쇄반응은 연소의 4요소에 해당한다.

072 혼합가스의 폭발하한계
$$L = \dfrac{V_1 + V_2 + \cdots + V_n}{\dfrac{V_1}{L_1} + \dfrac{V_2}{L_2} + \cdots + \dfrac{V_n}{L_n}} = \dfrac{20 + 25 + 55}{\dfrac{20}{5} + \dfrac{25}{3} + \dfrac{55}{2}} = 2.51[\text{vol}\%]$$

여기서, V_n: 각 가스의 부피비[vol%]
L_n: 각 가스의 폭발하한계[vol%]

073 제거소화는 가연성 물질을 제거하여 소화하는 것으로, 가연성 가스나 산소의 농도를 조절하여 연소범위 밖으로 벗어나게 하는 것은 질식소화에 해당한다.

074 폭굉파

연소파가 일정 거리를 진행한 후 연소 전파 속도가 1,000~3,500 [m/s] 정도에 달할 경우 이를 폭굉현상(Detonation Phenomenon)이라 하며, 이때 국한된 반응영역을 폭굉파(Detonation Wave)라 한다. 폭굉파의 속도는 음속을 앞지르므로, 진행 방향에는 그에 따른 충격파가 있다.

075 각종 건물·설비의 배치도가 공정안전보고서 중 공정안전자료에 포함되어야 할 내용에 해당한다.

관련개념	공정안전자료

- 취급·저장하고 있거나 취급·저장하려는 유해·위험물질의 종류 및 수량
- 유해·위험물질에 대한 물질안전보건자료
- 유해하거나 위험한 설비의 목록 및 사양
- 유해하거나 위험한 설비의 운전방법을 알 수 있는 공정도면
- 각종 건물·설비의 배치도
- 폭발위험장소 구분도 및 전기단선도
- 위험설비의 안전설계·제작 및 설치 관련 지침서

076 리튬은 물반응성 물질 및 인화성 고체, 하이드라진은 인화성 액체, 염소산 및 그 염류는 산화성 액체 및 산화성 고체이다.

관련개념	폭발성 물질 및 유기과산화물

- 질산에스테르류
- 니트로화합물
- 니트로소화합물
- 아조화합물
- 디아조화합물
- 하이드라진 유도체
- 유기과산화물
- 그 밖의 위의 물질과 같은 정도의 폭발 위험이 있는 물질
- 위의 물질을 함유한 물질

077 공정안전보고서의 제출 시기

- 유해하거나 위험한 설비의 설치·이전 또는 주요 구조부분의 변경공사의 착공일 30일 전까지 공정안전보고서를 2부 작성하여 한국산업안전보건공단에 제출하여야 한다.
- 공정안전보고서의 내용을 변경하여야 할 사유가 발생한 경우에는 지체 없이 그 내용을 보완하여야 한다.

078 질석가루는 불연성 물질로, 분진폭발이 일어나지 않는다.

079 보기 물질의 폭발범위는 다음과 같고 폭발범위가 넓은 순서로 정렬하면 아세틸렌>수소>일산화탄소>프로판 순서이다.

아세틸렌 : 2.5~81[vol%] → 78.5[vol%]

수소 : 4~75[vol%] → 71vol%]

일산화탄소 : 12.5~74[vol%] → 61.5[vol%]

프로판 : 2.2~9.5[vol%] → 7.3[vol%]

080 $C_nH_xO_y$에 대하여 완전연소 시 양론농도

$$C_{st} = \frac{1}{(4.77n + 1.19x - 2.38y) + 1} \times 100$$

$$= \frac{1}{(4.77 \times 3 + 1.19 \times 8 - 2.38 \times 0) + 1} \times 100 = 4.02[vol\%]$$

081 히빙현상은 연약한 점토지반에서 발생한다.

082 파워셔블은 굴착기가 위치한 지면보다 높은 곳을 굴착하는 데 적합하다.

083 비계기둥의 제일 윗부분으로부터 31[m] 되는 지점 밑부분의 비계기둥은 2개의 강관으로 묶어 세워야 한다.

보강하여야 하는 높이 = 45 − 31 = 14[m]

084 크레인을 사용하여 양중작업 시 인양할 하물을 바닥에서 끌어당기거나 밀어서 작업하지 않아야 한다.

085 콘크리트 측압은 콘크리트 타설속도, 타설높이, 단위용적중량, 온도, 철근배근상태 등에 따라 달라진다.

086 사면의 붕괴형태

- 사면 천단부 붕괴(사면 선단 파괴)
- 사면 중심부 붕괴(사면 내 파괴)
- 사면 하단부 붕괴(사면 저부 파괴)

087 가우징(Gouging)은 용접결함이 아니라 용접한 부위의 결함 제거나 주철의 균열 보수를 위하여 좁은 홈을 파내는 것이다.

088 달비계는 와이어로프, 체인, 강재, 철선 등의 재료 상부지점에서 작업용 널판을 매다는 형식의 비계로 건물 외벽 도장이나 청소 등의 작업에 주로 사용된다.

089 계측관리는 설계 시 예측치와 시공 시 측정치의 비교를 통해 지반의 안전성을 확인하는 방법이다.

090 유해위험방지계획서 검토의견 자격 요건은 건설안전산업기사 이상의 자격을 취득한 후 건설안전 관련 실무경력이 7년(기사는 5년) 이상인 사람이다.

091 낙하물 방지망은 높이 10[m] 이내마다 설치하고, 내민 길이는 벽면으로부터 2[m] 이상으로 한다.

092 공사금액이 50억 원(토목공사는 150억 원) 이상 800억 원 미만인 건설업의 경우 안전관리자를 1명 이상 선임하여야 한다.

093 과부하방지장치와 제동장치는 양중기의 방호장치이다.

관련개념	항타기 또는 항발기 조립·해체 시 점검사항

- 본체 연결부의 풀림 또는 손상의 유무
- 권상용 와이어로프·드럼 및 도르래의 부착상태의 이상 유무
- 권상장치의 브레이크 및 쐐기장치 기능의 이상 유무
- 권상기의 설치상태의 이상 유무
- 리더(leader)의 버팀 방법 및 고정상태의 이상 유무
- 본체·부속장치 및 부속품의 강도가 적합한지 여부
- 본체·부속장치 및 부속품에 심한 손상·마모·변형 또는 부식이 있는지 여부

094 안전난간의 발끝막이판은 바닥면 등으로부터 10[cm] 이상의 높이를 유지하여야 한다.

095 타설속도가 빠를수록 측압이 커진다.

관련개념	콘크리트의 측압이 커지는 조건

- 거푸집 부재단면이 클수록
- 거푸집 수밀성이 클수록(투수성이 작을수록)
- 거푸집의 강성이 클수록
- 거푸집 표면이 평활할수록
- 시공연도(Workability)가 좋을수록
- 철골 또는 철근량이 적을수록
- 외기온도가 낮을수록, 습도가 높을수록
- 콘크리트의 타설속도가 빠를수록
- 콘크리트의 다짐이 과할수록
- 콘크리트의 슬럼프가 클수록
- 콘크리트의 비중이 클수록

096 와이어로프의 한 꼬임(Strand)에서 끊어진 소선의 수가 10[%] 이상인 것이 부적격한 와이어로프에 해당한다.

097 굴착작업 시 풍화암의 적정 기울기 기준은 1 : 1.0이다.

098 호스, 전선 등은 다른 작업장을 거치지 않는 직선상의 배선이어야 한다.

099 사다리식 통로의 길이가 10[m] 이상인 경우에는 5[m] 이내마다 계단참을 설치하여야 한다.

100 방망지지점은 600[kg]의 외력에 견뎌야 하지만, 연속적인 구조물의 경우 아래 식에서 계산한 값 이상이어야 한다.

$$F = 200 \times B = 200 \times 1.5 = 300[kg]$$

여기서, F: 외력[kg]

B: 지지점 간격[m]

실전 모의고사 2회

SPEED CHECK 빠른 정답표

획득 점수 : (   )

001	002	003	004	005	006	007	008	009	010	011	012	013	014	015
①	②	④	①	②	④	④	②	②	④	③	①	③	③	①
016	017	018	019	020	021	022	023	024	025	026	027	028	029	030
④	②	②	①	①	③	②	④	②	④	①	③	①	②	①
031	032	033	034	035	036	037	038	039	040	041	042	043	044	045
②	③	④	③	①	④	③	②	①	①	③	④	④	①	②
046	047	048	049	050	051	052	053	054	055	056	057	058	059	060
④	③	④	①	④	②	④	④	④	③	④	④	④	①	②
061	062	063	064	065	066	067	068	069	070	071	072	073	074	075
②	④	④	④	①	③	②	③	④	③	②	②	②	④	②
076	077	078	079	080	081	082	083	084	085	086	087	088	089	090
③	④	④	①	①	①	④	①	②	④	③	①	④	④	③
091	092	093	094	095	096	097	098	099	100					
④	③	④	③	③	①	③	①	④	③					

001 하인리히의 사고예방 원리
1단계: 조직(안전관리조직)
2단계: 사실의 발견(현상파악)
3단계: 분석·평가(원인규명)
4단계: 시정책의 선정
5단계: 시정책의 적용

002 시각의 효과가 가장 크다.

관련개념	5관의 효과치
• 시각효과 60[%](미국 75[%])
• 청각효과 20[%](미국 13[%])
• 촉각효과 15[%](미국 6[%])
• 미각효과 3[%](미국 3[%])
• 후각효과 2[%](미국 3[%])

003
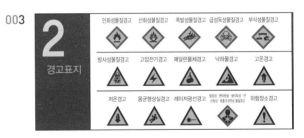

004 ②, ③, ④는 X 이론의 관리처방에 해당된다.

관련개념	Y 이론에 대한 관리처방
• 민주적 리더십의 확립
• 분권화와 권한의 위임
• 직무확장
• 자율적인 통제
• 목표에 의한 관리

005 직접 원인
• 인적 원인(불안전한 행동)
• 물적 원인(불안전한 상태)

006 대책수립이 3라운드에 해당된다.

| 관련개념 | 위험예지훈련의 추진을 위한 문제해결 4단계 |

- 1라운드: 현상파악(사실의 파악)–어떤 위험이 잠재하고 있는가?
- 2라운드: 본질추구(원인조사)–이것이 위험의 포인트이다.
- 3라운드: 대책수립(대책을 세운다)–당신이라면 어떻게 하겠는가?
- 4라운드: 목표설정(행동계획 작성)–우리들은 이렇게 하자!

007 레윈(Lewin. K)의 법칙

$B = f(P \cdot E)$

여기서, B: Behavior(인간의 행동)
  f : Function(함수관계)
  P: Person(개체: 연령, 경험, 심신상태, 성격, 지능 등)
  E: Environment(환경: 인간관계, 작업환경 등)

008 검사의 관리를 위한 조건과 절차의 일관성과 통일성은 심리검사의 특성 중 표준화에 대한 설명이다.

| 관련개념 | 심리검사의 특성 |

- 신뢰성
- 객관성
- 표준화
- 타당성
- 실용성

009 안전보건표지의 색도기준 및 용도

색채	색도기준	용도	사용 예
노란색	5Y 8.5/12	경고	화학물질 취급장소에서의 유해·위험경고 이외의 위험경고, 주의표지 또는 기계방호물

010 다수의 근로자에게 조직적 훈련이 가능한 것은 Off JT(직장 외 교육훈련)의 특징이다.

011 작업자의 기능 미숙은 조치과정 착오의 요인이다.

012 모랄 서베이에서는 조직 또는 구성원의 성과를 비교·분석하지 않는다.

013 TWI(Training Within Industry)
주로 관리감독자를 대상으로 하며 전체 교육시간은 10시간 정도 소요된다. 한 그룹에 10명 내외로 토의법과 실연법 중심으로 강의가 실시된다.

014 위임된 권한
부하직원이 지도자의 생각과 목표를 얼마나 잘 따르는지와 관련된 권한이다.

015 산업안전심리의 5대 요소는 동기, 기질, 감정, 습성, 습관이다.

016 일관성의 원리는 파블로프의 조건반사설의 원리 중 하나이다.

017 유해물질이 인체에 미치는 영향은 허가 또는 관리대상 유해물질의 제조 또는 취급작업을 하는 작업자의 특별교육 내용이다.

| 관련개념 | 밀폐공간작업 시 교육내용 |

- 산소농도 측정 및 작업환경에 관한 사항
- 사고 시의 응급처치 및 비상시 구출에 관한 사항
- 보호구 착용 및 사용방법에 관한 사항
- 작업내용·안전작업방법 및 절차에 관한 사항
- 장비·설비 및 시설 등의 안전점검에 관한 사항
- 그 밖에 안전·보건관리에 필요한 사항

018 학습 목적의 3요소는 주제, 학습 정도, 학습 목표이다.

019 ②, ③은 정기교육사항이고, ④는 관리감독자의 교육사항이다.

020 헤드십은 부하와의 사회적 간격이 넓다.

| 관련개념 | 헤드십의 특징 |

- 부하직원의 활동을 감독한다.
- 상사와 부하와의 관계가 종속적이다.
- 부하와의 사회적 간격이 넓다.
- 지휘형태가 권위적이다.
- 법적 또는 규정에 의한 권한을 가지며, 조직으로부터 위임받는다.

021 AND 게이트는 가로로, OR 게이트는 세로로 나열하면

$$T(G_a) = (G_b \quad G_c) = \begin{pmatrix} 1 \\ G_d \end{pmatrix}(2 \quad 3)$$

$$= \begin{pmatrix} 1 \\ 4 \quad 2 \end{pmatrix}(2 \quad 3) = \begin{matrix} (1 & 2 & 3) \\ (2 & 2 & 3 & 4) \end{matrix}$$

최소 컷셋(Minimal Cut Set)은 (1, 2, 3), (2, 3, 4)이다.

022 인간이 감지하는 음의 세기는 진폭이며, 진폭이 클수록 음의 세기가 크므로 C 음파의 음의 세기가 가장 크다. 또한, 진동수(주파수)는 음의 높낮이를 나타내며, 진동수가 높을수록 음이 높으므로 B 음파의 음의 높이가 가장 높다.

023 안전성 평가에서 관계자료의 정비검토를 가장 먼저 수행한다.

| 관련개념 | 안전성 평가 6단계 |

제1단계: 관계 자료의 정비검토
제2단계: 정성적 평가
제3단계: 정량적 평가
제4단계: 안전대책 수립
제5단계: 재해정보에 의한 재평가
제6단계: FTA에 의한 재평가

024 실효온도(Effective Temperature, 감각온도, 실감온도)
온도, 습도, 기류 등의 조건에 따라 인간의 감각을 통해 느껴지는 온도로 상대습도 100[%]일 때의 건구온도에서 느끼는 것과 동일한 온도감이다.

025 오류나 어떤 결함으로부터 파생하여 발생하는 에러는 2차에러(Secondary Error)이다.

> **관련개념** 휴먼에러의 원인 레벨(level)적 분류
>
> - 1차 실수(Primary Error): 작업자 자신으로부터 발생한 에러(안전교육을 통하여 제거)
> - 2차 실수(Secondary Error): 오류나 어떤 결함으로부터 파생하여 발생하는 에러
> - 지시과오(Command Error): 요구되는 것을 실행하고자 하여도 필요한 정보, 에너지 등이 공급되지 않아 작업자가 움직이려 해도 움직이지 않는 에러

026 인간과오확률(HEP; Human Error Probability)
특정 직무에서 하나의 착오가 발생할 확률이다.

$$HEP = \frac{인간실수의\ 수}{실수발생의\ 전체\ 기회수} = \frac{40-20}{100} = 0.2$$

027 FT도를 작성한 다음 정상사상의 발생확률을 구한다.

028 노브(Knob)는 양의 조절에 의한 통제장치이다.

> **관련개념** 개폐에 의한 제어(On-Off 제어)
>
> - 누름단추(Push Button)
> - 발(Foot) 푸시
> - 토글 스위치(Toggle Switch)
> - 로터리 스위치(Rotary Switch)

029 인체측정 방법
- 구조적 인체치수: 표준자세에서 움직이지 않는 피측정자를 인체측정기로 측정한다.
- 기능적 인체치수: 특정 작업에 국한하여 움직이는 몸의 자세로부터 측정한다.

030 조도 $= \dfrac{광속}{거리^2}$ 이므로 광속 = 조도 × 거리^2 = 3 × 1^2 = 3[lumen]

따라서 5[m] 떨어진 곳에서의 조도는 $\dfrac{3}{5^2} = 0.12$[lux]이다.

031 열균형 방정식
S(열축적) = M(대사율) - W(한 일) ± R(복사) ± C(대류) - E(증발)

032 몬테 카를로 알고리즘(Monte Carlo Algorithm)
- 확률적 알고리즘으로서 단 한 번의 과정으로 정확한 해를 구하기 어려운 경우 무작위로 난수를 반복적으로 발생하여 해를 구하는 절차이다.
- 어떤 분석 대상에 대한 완전한 확률 분포가 주어지지 않을 때 유용하다.

033 풀 프루프(Fool-Proof)
기계장치 설계단계에서 안전화를 도모하는 것으로 근로자가 기계 등의 취급을 잘못해도 사고로 연결되는 일이 없도록 하는 안전기구

이다. 즉, 인간과오(Human Error)를 방지하기 위한 것으로 가드, 록(Lock, 시건) 장치, 오버런 기구 등이 있다.

034 수공구 설계 시 반복적인 손가락 움직임은 피한다.(모든 손가락 사용)

035 작업기억(Working Memory)
특정 작업을 처리하기 위해 의식적인 정신적 노력을 추가한 기억으로 제한된 정보를 순간적으로 기억하는 형태를 말한다. 단기기억이라고도 하며 용량이 7개 내외로 작아 순간적 망각 등 인적 오류의 원인이 된다.

036 인간-기계 통합체계
- 수동체계
- 기계화 또는 반자동체계
- 자동체계

037 대비(Luminance Contrast)는 표적의 광속발산도(Lt)와 배경의 광속발산도(Lb)의 차를 나타내는 척도이다.

$$대비 = \frac{L_b - L_t}{L_b} \times 100 = \frac{80-40}{80} \times 100 = 50[\%]$$

038 여러 개의 프로그램된 활동을 동시에 수행하는 것은 현존하는 기계가 인간을 능가하는 기능이다.

039 세발자전거의 각 바퀴는 직렬연결로 볼 수 있다.
신뢰도 = 0.9 × 0.9 × 0.9 = 0.729

040 이산 멈춤 위치용 조종장치는 ①의 형태가 가장 적절하다.

> **관련개념** 형상 암호화된 조종장치
>
> | 구분 | 조종장치 |
> |---|---|
> | 단회전용 | |
> | 다회전용 | |
> | 이산 멈춤 위치용 | |

041 보일러의 과열을 방지하기 위하여 최고사용압력과 상용압력 사이에서 보일러의 버너연소를 차단할 수 있도록 압력제한스위치를 부착하여 사용하여야 한다.

042 컨베이어 방호장치의 종류
- 이탈 및 역주행방지장치
- 비상정지장치
- 덮개 또는 울
- 건널다리

043 특별점검

기계·기구의 신설 및 변경 또는 고장, 수리 등에 의해 부정기적으로 실시하는 점검, 안전강조기간에 실시하는 점검 등이다.

044 사다리식 통로의 기울기는 75° 이하로 하여야 한다. 다만, 고정식 사다리식 통로의 기울기는 90° 이하로 하고, 그 높이가 7[m] 이상인 경우에는 경우에 따라 등받이울 설치 또는 개인용 추락 방지 시스템 설치 및 전신안전대를 사용하여야 한다.

045 광전자식 방호장치 슬라이드는 하강 중 정전 또는 방호장치의 이상 시에 정지할 수 있는 구조이어야 한다.

046 선반의 크기
- 베드 위의 스윙
- 왕복대 위의 스윙
- 양 센터 사이의 최대 거리
- 관습상 베드의 길이

047 손조작식 급정지장치는 밑면에서 1.8[m] 이내에 설치한다.

관련개념	급정지장치 조작부의 위치
급정지장치 조작부의 종류	설치위치
손조작식	밑면에서 1.8[m] 이내
복부조작식	밑면에서 0.8[m] 이상 1.1[m] 이내
무릎조작식	밑면에서 0.6[m] 이내

048 권과방지장치는 양중기의 방호장치이다.

049 압력방출장치는 보일러의 방호장치로 프레스 등을 사용하여 작업을 할 때의 작업시작 전 점검사항과는 거리가 멀다.

관련개념	프레스 작업시작 전의 점검사항

- 클러치 및 브레이크의 기능
- 크랭크축·플라이휠·슬라이드·연결봉 및 연결나사의 풀림 유무
- 1행정 1정지기구·급정지장치 및 비상정지장치의 기능
- 슬라이드 또는 칼날에 의한 위험방지 기구의 기능
- 프레스의 금형 및 고정볼트 상태
- 방호장치의 기능
- 전단기의 칼날 및 테이블의 상태

050 발생기실의 구조는 바닥면적의 $\frac{1}{16}$ 이상의 단면적을 가진 배기통을 옥상으로 돌출시키고 그 개구부를 창 또는 출입구로부터 1.5[m] 이상 떨어지도록 하여야 한다.

051 리프트의 종류
- 건설용 리프트
- 산업용 리프트
- 자동차정비용 리프트
- 이삿짐운반용 리프트

052 공장설비 배치 시 기계설비의 주변에 수리 및 유지보수를 위한 공간을 확보하여야 한다.

053 생산성을 가장 효율적으로 하는 운반을 택해야 한다.

관련개념	취급·운반의 5원칙

- 직선운반을 할 것
- 연속운반을 할 것
- 운반작업을 집중화시킬 것
- 생산성을 가장 효율적으로 하는 운반을 택할 것
- 시간과 경비를 최대한 절약할 수 있는 운반방법을 고려할 것

054 플랜지의 지름은 숫돌 직경의 $\frac{1}{3}$ 이상인 것이 적당하다.

플랜지 지름 $=180 \times \frac{1}{3} = 60[mm]$ 이상

055 동하중 $= \dfrac{\text{정하중}}{\text{중력가속도}} \times \text{가속도} = \dfrac{1,000}{9.8} \times 20 = 2,040.82[kgf]$

총하중 = 정하중 + 동하중 = $1,000 + 2,040.82 = 3,040.82[kgf]$

056 아세틸렌 용접장치를 사용하여 금속의 용접·용단 또는 가열작업을 하는 경우에는 게이지 압력이 127[kPa]을 초과하는 압력의 아세틸렌을 발생시켜 사용하여서는 아니 된다.

057 Fail Operational에 대한 설명이다.

관련개념	Fail Safe의 기능면에서의 분류

- **Fail Passive**: 부품이 고장나면 통상 정지하는 방향으로 이동
- **Fail Active**: 부품이 고장나면 기계는 경보를 울리며, 짧은 시간 동안 운전 가능
- **Fail Operational**: 부품에 고장이 있더라도 추후 보수가 있을 때까지 안전한 기능 유지

058 이삿짐운반용 리프트에 대한 설명이다.

059 셰이퍼는 램(Ram)의 왕복운동에 의한 바이트의 직선절삭운동과 절삭운동에 수직방향인 테이블의 운동으로 일감이 이송되어 평면을 주로 가공하는 공작기계이다. 셰이퍼의 크기는 주로 램의 최대행정으로 표시할 때가 많고 테이블의 크기와 이송거리를 표시하는 경우도 있다.

060 보일러의 폭발사고를 예방하기 위하여 압력방출장치, 압력제한스위치, 고저수위 조절장치, 화염검출기 등의 기능이 정상적으로 작동될 수 있도록 유지·관리하여야 한다.

061 $W = \dfrac{1}{2}CV^2 = \dfrac{1}{2} \times (10 \times 10^{-6}) \times 1,000^2 = 5[J]$

여기서, W: 정전에너지[J]
C: 도체의 정전용량[F]
V: 대전전위[V]

062 제전기의 종류에는 제전에 필요한 이온의 생성방법에 따라 전압인가식 제전기, 자기방전식 제전기, 방사선식 제전기가 있다.

063 완화시간

일반적으로 절연체에 발생한 정전기는 일정장소에 축적되었다가 점차 소멸되는데 처음 값의 36.8[%]로 감소되는 시간을 그 물체에 대한 시정수 또는 완화시간이라고 한다.

064 본질안전방폭구조: ia, ib

065 인하도선시스템이란 뇌전류를 수뢰부시스템에서 접지극으로 흘리기 위한 외부피뢰시스템의 일부를 말한다.

피뢰시스템 등급	최대간격[m]
Ⅰ · Ⅱ	10
Ⅲ	15
Ⅳ	20

066 ③번은 전기화재의 원인에 대한 설명으로 거리가 멀다.

| 관련개념 | 출화의 경과에 의한 화재예방대책 |

구분	예방대책
누전 방지	• 절연파괴의 원인 제거 • 퓨즈나 누전차단기를 설치하여 누전 시 전원차단 • 누전화재경보기 설치 등
접촉불량 방지	• 전기공사 시공 및 감독 철저 • 전기설비 점검 철저

067 교류아크용접기용 자동전격방지기란 용접기의 주회로를 제어하는 기능을 보유함으로써 용접봉의 조작에 따라 용접을 할 때에만 용접기의 주회로를 형성하고, 그 외에는 용접기의 2차(출력) 측의 무부하 전압(보통 60~95[V])을 25[V] 이하로 저하시키도록 동작하는 장치를 말한다.

068

분류	적요	장소
21종 장소	20종 장소 외의 장소로서 분진운 형태의 가연성 분진이 폭발농도를 형성할 정도의 충분한 양이 정상작동 중에 존재할 수 있는 장소	집진장치 · 백필터 · 배기구 등의 주위, 이송벨트의 샘플링 지역 등

069

구분	교류	직류
저압	1,000[V] 이하	1,500[V] 이하
고압	1,000[V] 초과 7[kV] 이하	1,500[V] 초과 7[kV] 이하
특고압	7[kV] 초과	

070 유동대전에 가장 크게 영향을 미치는 요인은 유동속도이나 흐름의 상태, 배관의 굴곡, 밸브 등과도 관계가 있다.

071 트레이(Tray)의 부식상태는 자체검사(개방점검) 항목이다.

| 관련개념 | 증류탑의 일상점검 항목 |

- 도장의 열화 상태
- 기초볼트 상태
- 보온재 및 보냉재 상태
- 배관 등 연결부 상태
- 외부 부식 상태
- 감시창, 출입구, 배기구 등 개구부의 이상 유무

072 질산에스테르는 폭발성 물질 및 유기과산화물에 해당한다.

073 유해 · 위험물질을 소각할 경우 화재 · 폭발 등의 위험이 있으며, 독성 물질의 경우 확산 등에 의해 환경 또는 인체에 유해할 수 있으므로 적절하지 않다.

074 분진폭발은 기상폭발에 해당한다.

075 제조일자 및 유효기간은 물질안전보건자료 작성 시 포함되어야 하는 항목이 아니다.

| 관련개념 | 물질안전보건자료 작성 시 포함되어야 하는 사항 |

1. 화학제품과 회사에 관한 정보
2. 유해성 · 위험성
3. 구성성분의 명칭 및 함유량
4. 응급조치요령
5. 폭발 · 화재시 대처방법
6. 누출사고시 대처방법
7. 취급 및 저장방법
8. 노출방지 및 개인보호구
9. 물리화학적 특성
10. 안정성 및 반응성
11. 독성에 관한 정보
12. 환경에 미치는 영향
13. 폐기 시 주의사항
14. 운송에 필요한 정보
15. 법적규제 현황
16. 그 밖의 참고사항

076 인화성 액체의 화재사고는 인화섬이 낮을수록 발생 가능성이 높다. 보기 중 인화점($-45[°C]$)이 가장 낮은 에틸에테르의 화재사고 발생 가능성이 가장 높다.

077 화학반응을 일으키는 화학장치에서는 반응폭주와 과압으로 인한 폭발에 유의하여야 한다.

078 유속이 커지면 최소발화에너지는 커진다.

079 칼륨은 물과 접촉할 경우 많은 열과 함께 수소 기체를 발생시킨다. 따라서 칼륨은 물과 접촉하면 위험성이 커진다.
②, ③, ④는 모두 물과 특별한 반응을 하지 않는 물질이다.

080 착화점은 외부의 직접적인 점화원 없이 열의 축적에 의해 스스로 발화할 수 있는 최저온도를 말하며, 발화점이라고도 한다.

081 안전난간은 구조적으로 가장 취약한 지점에서 가장 취약한 방향으로 작용하는 100[kg] 이상의 하중에 견딜 수 있는 튼튼한 구조이어야 한다.

082 대상액이 50억 원 이상인 경우 대상액(재료비 + 직접노무비)에 계상기준을 곱하여 산업안전보건관리비를 계상한다.
산업안전보건관리비 = (30억 + 50억) × 1.97 = 157,600,000원

083 건설업 산업안전보건관리비 계상 대상공사는 「산업안전보건법」의 건설공사 중 총 공사금액 2천만 원 이상인 공사이다.

084 해지장치는 와이어로프 등이 훅으로부터 벗겨지는 것을 방지하는 크레인의 방호장치이다.

085 교차가새는 동바리로 사용하는 강관틀과 강관틀 사이에 설치하는 것이다.

086 추락방호망의 망의 처짐은 짧은 변 길이의 12[%] 이상이 되도록 하여야 한다.

087 옹벽 축조 시에는 불안전한 급경사가 되게 하거나 좁은 장소에서 작업을 할 때에는 위험을 수반하므로 수평방향의 시공을 금하며, 블록으로 나누어 단위시공 단면적을 최소화 하여 분단시공을 한다.

088 삼각데릭(Stiffleg Derrick)
주 기둥을 지탱하는 지선 대신에 2개의 다리에 의해 고정하고, 회전반경은 270°로 높이가 낮은 건물에 유리하다.

089 슬럼프 시험에서 슬럼프는 콘에 굳지 않은 콘크리트를 충전하고 탈형했을 때 자중에 의해 밑으로 내려앉은 높이를 [cm]로 측정한 값이다.

090 가설구조물은 구조물이라는 통상의 개념이 확고하지 않아 조립의 정밀도가 낮다.

091 터널 등의 건설작업을 하는 경우에 낙반 등에 의하여 근로자가 위험해질 우려가 있는 경우에 터널지보공 및 록볼트의 설치, 부석의 제거 등 위험을 방지하기 위하여 필요한 조치를 하여야 한다.

092 연마기는 석재를 가공하는 데 사용되는 기계이다.

093 운반작업 중 요통을 일으키는 인자에는 물건의 중량, 작업 자세, 작업 시간 등이 해당된다.

094 리퍼(Ripper)는 아스팔트 포장도로 등 단단한 땅이나 연한 암석지반의 파쇄굴착 또는 암석제거에 적합하다.

095 말비계의 높이가 2[m]를 초과할 경우에는 작업발판의 폭을 40[cm] 이상으로 하여야 한다.

096 건설공사에 사용하는 높이 8[m] 이상인 비계다리에는 7[m] 이내마다 계단참을 설치하여야 한다.

097 부두 또는 안벽의 선을 따라 통로를 설치하는 경우에는 폭을 90[cm] 이상으로 하여야 한다.

098 철골보를 인양할 때는 선회와 인양작업을 동시에 진행하지 않도록 하며 흔들리지 않도록 유도로프로 유도하여야 한다.

099 가설도로계획서는 건설공사 유해위험방지계획서 제출 시 공통적으로 제출하는 서류에 해당하지 않는다.

100 작업 중인 공구를 반경 내의 작업대나 기계 위에 올려 놓을 경우 떨어트릴 수 있으므로 위험하다.

실전 모의고사 3회

001	002	003	004	005	006	007	008	009	010	011	012	013	014	015
③	④	③	①	③	③	②	④	④	①	③	③	②	④	④
016	017	018	019	020	021	022	023	024	025	026	027	028	029	030
④	④	③	④	①	④	②	④	④	③	④	③	③	②	③
031	032	033	034	035	036	037	038	039	040	041	042	043	044	045
④	②	③	②	①	②	④	③	②	①	③	④	③	④	①
046	047	048	049	050	051	052	053	054	055	056	057	058	059	060
①	③	②	②	②	④	②	④	①	④	③	①	②	②	④
061	062	063	064	065	066	067	068	069	070	071	072	073	074	075
②	②	②	①	③	④	②	④	④	③	②	②	④	①	④
076	077	078	079	080	081	082	083	084	085	086	087	088	089	090
①	①	①	①	①	②	①	④	③	④	③	③	②	①	①
091	092	093	094	095	096	097	098	099	100					
③	④	②	②	②	④	③	①	④	②					

001 Safety System은 안전관리조직의 형태에 해당하지 않는다.

> **관련개념** 안전관리조직
>
> • 라인(Line)형 조직
> • 스태프(Staff)형 조직
> • 라인 · 스태프(Line-Staff)형 조직(직계참모조직)

002 태도교육 시 지적과 처벌 위주가 되어서는 안 된다.

> **관련개념** 태도교육(안전교육단계 중 3단계)
>
> 생활지도, 작업 동작 지도, 적성배치 등을 통한 안전의 습관화
> 태도교육의 5단계
> 청취(들어본다) → 이해, 납득(이해시킨다) → 모범(시범을 보인다) →
> 권장(평가한다) → 칭찬한다 또는 벌을 준다

003 위임형 리더십
- 부하직원에게 권한을 준다.
- 의사결정 시 개인의 통찰력보다 팀의 통찰력을 존중한다.

004 교육의 3요소
- 주체: 강사
- 객체: 수강자(학생)
- 매개체: 교재(교육내용)

005 매슬로우(Maslow)의 욕구위계이론
제1단계: 생리적 욕구-기아, 갈증, 호흡, 배설, 성욕 등
제2단계: 안전의 욕구-안전을 기하려는 욕구
제3단계: 사회적 욕구-소속 및 애정에 대한 욕구(친화 욕구)
제4단계: 자기존경의 욕구-자존심, 명예, 성취, 지위에 대한 욕구(안
정 또는 자기존중의 욕구)
제5단계: 자아실현의 욕구-잠재적인 능력을 실현하고자 하는 욕구
(성취욕구)

006 작업환경 개선기법(JET)은 TWI의 교육내용에 해당되지 않는다.

> **관련개념** TWI(Training Within Industry)
>
> • 작업지도훈련(JIT ; Job Instruction Training)
> • 작업방법훈련(JMT ; Job Method Training)
> • 인간관계훈련(JRT ; Job Relation Training)
> • 작업안전훈련(JST ; Job Safety Training)

007 하버드 학파의 5단계 교수법(사례연구 중심)
1단계: 준비시킨다.(Preparation)
2단계: 교시한다.(Presentation)
3단계: 연합한다.(Association)
4단계: 총괄한다.(Generalization)
5단계: 응용시킨다.(Application)

008 표준안전 작업방법 결정 및 지도·감독 요령에 관한 사항은 관리감독자 정기안전보건교육 내용이다.

009 ①, ②, ③은 도피적 기제에 해당한다.

> **관련개념** 방어적 기제(Defense Mechanism)
>
> • 보상   • 합리화(변명)
> • 승화   • 동일시
> • 투사

010 안전교육의 4단계
제1단계: 도입(준비)
제2단계: 제시(설명)
제3단계: 적용(응용)
제4단계: 확인(총괄)

011 위임세력은 리더가 가지고 있는 세력의 유형이 아니다.

> **관련개념** 리더가 가지고 있는 세력의 유형
>
> • 보상세력   • 합법세력
> • 전문세력   • 강압세력
> • 참조세력

012 통계방법의 원칙은 재해예방의 4원칙에 해당되지 않는다.

> **관련개념** 재해예방의 4원칙
>
> • 손실우연의 원칙
> • 원인계기(원인연계)의 원칙
> • 예방가능의 원칙
> • 대책선정의 원칙

013 안전모의 일반구조는 모체, 착장체(머리고정대, 머리받침고리, 머리받침끈) 및 턱끈을 가져야 한다.

014 상황성 누발자
작업이 어렵거나, 기계설비의 결함, 환경상 주의력의 집중이 혼란된 경우 심신의 근심으로 사고 경향자가 되는 경우이다. 이 경우, 상황이 변하면 안전한 성향으로 바뀐다.

015 성취에 대한 인정이 동기요인에 해당된다.

> **관련개념** 허즈버그의 2요인 이론(위생요인, 동기요인)
>
> • 위생요인(Hygiene): 작업조건, 급여, 직무환경, 감독 등 일의 조건, 보상에서 오는 욕구(충족되지 않을 경우 조직의 성과가 떨어지나, 충족되었다고 성과가 향상되지 않음)
> • 동기요인(Motivation): 책임감, 성취 인정, 개인발전 등 일 자체에서 오는 심리적 욕구(충족될 경우 조직의 성과가 향상되며 충족되지 않아도 성과가 떨어지지 않음)

016 안전점검은 불안전한 상태 및 행동을 조사하여 사고를 미연에 방지하는 목적으로 행하는 것으로, 생산제품의 품질관리는 안전점검의 목적과 거리가 멀다.

017 학습 성취에 직접적 영향을 미치는 요인
• 개인차
• 준비도
• 동기유발

018 하인리히의 도미노 이론에서는 불안전 행동 및 불안전 상태를 제거하면 재해가 예방될 수 있다고 주장했다.

> **관련개념** 하인리히(H.W. Heinrich)의 도미노 이론
>
> 1단계: 사회적 환경 및 유전적 요소(기초원인)
> 2단계: 개인의 결함(간접원인)
> 3단계: 불안전한 행동 및 불안전한 상태(직접원인) → 제거(효과적임)
> 4단계: 사고
> 5단계: 재해

019 직장의 실정에 맞는 실제적인 교육이 가능한 것은 OJT(직장 내 교육훈련)의 장점이다.

020

교육과정	교육대상		교육시간
정기교육	사무직 종사 근로자		매반기 6시간 이상
	그 밖의 근로자	판매업무에 직접 종사하는 근로자	매반기 6시간 이상
		판매업무에 직접 종사하는 근로자 외의 근로자	매반기 12시간 이상

021 인체계측치를 활용한 설계는 인간의 안락뿐만 아니라 성능 수행과도 관련성이 있다.

- 구조적 인체치수: 표준자세에서 움직이지 않는 피측정자를 인체 측정기로 측정
- 기능적 인체치수: 움직이는 몸의 자세로부터 측정

022 인간공학이란 인간의 신체적·심리적 능력 한계를 고려하여 인간에게 적절한 형태로 작업을 맞추는 것으로 개인이 시스템에서 효과적으로 기능을 하지 못하면 시스템의 수행이 변해야 한다.

023 동침형(Moving Pointer)
고정된 눈금상에서 지침이 움직이면서 값을 나타내는 방법으로 지침의 변화가 일종의 인식상의 단서로 작용하는 이점이 있다.

024 보전예방(Maintenance Prevention)
설비를 새롭게 계획·설계하는 단계에서 보전 정보나 새로운 기술을 채용해서 신뢰성, 보전성, 경제성, 조작성, 안전성 등을 고려하여 보전비나 열화 손실을 적게 하는 활동이다.

025 기준 음압의 주파수는 1,000[Hz]이다.

026 교육(Education)은 작업방법의 개선원칙에 해당되지 않는다.

- 제거(Eliminate)
- 결합(Combine)
- 재조정(Rearrange)
- 단순화(Simplify)

027 진전(잔잔한 떨림, Tremor)을 감소시키는 방법은 손을 심장 높이에 두는 것이다. 손을 떨지 않으려고 힘을 주는 경우 진전이 더 심해질 수 있다.

028 FTA에 사용되는 논리기호 및 사상기호

기호	명칭	설명
□	결함사상	고장 또는 결함으로 나타나는 비정상적인 사건
○	기본사상	더 이상 전개되지 않는 기본사상
◇	생략사상 (최후사상)	정보부족, 해석기술 불충분으로 더 이상 전개할 수 없는 사상
⬠	통상사상	통상발생이 예상되는 사상

029 인체는 체간(몸통)의 균형이 확보되어야 사지(팔 또는 다리)를 정상적으로 움직이거나 뻗을 수 있기 때문에 신체의 균형에 제한을 받으면 팔의 뻗침길이가 감소된다.

030 조종구의 통제비

$$\frac{C}{R} = \frac{\left(\frac{a}{360}\right) \times 2\pi L}{\text{표시계기지침의 이동거리}} = \frac{\left(\frac{30}{360}\right) \times 2\pi \times 7}{3} = 1.22$$

여기서, a: 조종장치가 움직인 각도
L: 조종구의 반경

031 결함수분석법(FTA)은 기계, 설비 또는 인간-기계 시스템의 고장이나 재해의 발생요인을 논리적 도표에 의하여 분석하는 정량적·연역적 기법이다.

㉠ 대상으로 한 시스템의 파악
㉡ 정상사상의 선정
㉢ FT도의 작성과 단순화
㉣ 정량적 평가
- 재해발생 확률 목표치 설정
- 실패 대수 표시
- 고장발생 확률과 인간에러 확률 계산
- 재해발생 확률 계산
- 재검토
㉤ 종결(평가 및 개선권고)

032 원추세포
사람은 보통 적색, 녹색, 청색을 인식하는 3가지의 원추세포를 가지고 있는데, 색맹 또는 색약이 있는 사람은 한두 가지의 원추세포가 제 기능을 하지 못하여 해당되는 색이 다른 색과 섞여 있게 되어 색을 구분하지 못한다.

033 HUD(Head up Display)
조종사(사용자)가 고개를 숙여 조종석의 계기를 보지 않고도 전방을 주시한 상태에서 원하는 계기의 정보를 볼 수 있도록 전방 시선 높이·방향에 설치한 투명 시현장치이다.

034 조종장치의 촉각적 암호화
- 표면촉감을 사용하는 경우
- 형상을 구별하는 경우
- 크기를 구별하는 경우

035 공간적 양립성은 어떤 사물들, 특히 표시장치나 조정장치의 물리적 형태나 공간적인 배치의 양립성을 말한다.

036 인간공학의 가치 중 하나는 훈련비용의 절감이다.

관련개념	체계 설계과정에서의 인간공학의 기여도

- 생산성(성능)의 향상
- 인력의 이용률 향상
- 사용자의 수용도 향상
- 생산 및 보전의 경제성 증대
- 훈련비용의 절감
- 사고 및 오용으로부터의 손실 감소

037 예비위험분석(PHA)
시스템 내의 위험요소가 얼마나 위험상태에 있는가를 평가하는 시스템안전프로그램의 최초단계(시스템 구상단계)의 정성적인 분석 방식이다.

038 정상작업영역은 효과적인 작업을 위해서 작업자가 가급적 팔꿈치를 몸에 붙이고 자연스럽게 움직일 수 있는 거리를 말하며, 위팔(상완)을 자연스럽게 수직으로 늘어뜨린 채, 아래팔(전완)만을 편하게 뻗어 파악할 수 있는 구역(34~45[cm])을 말한다.

039 FTA에 의한 재해사례 연구순서
㉠ Top(정상) 사상의 선정
㉡ 각 사상의 재해원인 규명
㉢ FT도의 작성 및 분석
㉣ 개선계획의 작성

040 광원으로부터의 휘광(Glare) 처리 시 휘광원 주위를 밝게 하여 광도비를 줄여야 한다.

041 ③은 기능상의 안전화에 대한 설명이다.

관련개념	구조의 안전화(강도적 안전화)

- 재료의 결함 방지
- 설계의 결함 방지
- 가공의 결함 방지

042 ④번이 외관의 안전성을 향상시키는 조치에 해당된다.

관련개념	외형의 안전화

- 묻힘형이나 덮개의 설치
- 별실 또는 구획된 장소에의 격리
- 안전색채 사용

043 격리형 방호장치는 작업자가 작업점에 접촉되어 재해를 당하지 않도록 기계설비 외부에 차단벽이나 방호망을 설치하는 것으로 작업장에서 가장 많이 사용하는 방식이다. 예 완전차단형 방호장치, 덮개형 방호장치, 울타리

044 직접비 : 간접비=1 : 4이므로
간접비=3조 1,600억×4=12조 6,400억 원
총 재해코스트=직접비 + 간접비
　　　　　　　　=3조 1,600억 + 12조 6,400억=15조 8,000억 원

045 크레인, 리프트 및 곤돌라는 사업장에 설치가 끝난 날부터 3년 이내에 최초 안전검사를 실시하되, 그 이후부터 2년마다(건설현장에서 사용하는 것은 최초로 설치한 날부터 6개월마다) 실시한다.

046 금형의 안전화
상사점에 있어서 상형과 하형과의 간격, 가이드 포스트와 부쉬의 간격이 각각 8[mm] 이하가 되도록 설치하여야 한다.

047 기계의 안전율이 크면 클수록 비용, 무게, 부피 등이 증가하므로 우수한 기계라고 할 수는 없다.

048 양수조작식 방호장치의 안전거리
$$D=1,600×(T_c + T_s)=1,600×0.2=320[mm]$$
여기서, T_c : 누름버튼에서 손이 떨어질 때부터 급정지기구가 작동
　　　　　　을 개시하기까지의 시간[초]
　　　　T_s : 급정지기구가 작동을 개시할 때부터 슬라이드가 정지
　　　　　　할 때까지의 시간[초]

049 회전 중인 연삭숫돌(지름이 5[cm] 이상인 것으로 한정)이 근로자에게 위험을 미칠 우려가 있는 경우에 그 부위에 덮개를 설치하여야 한다.

050 위험점이 전동체인 경우 개구부의 간격
$$Y=6 + 0.1X=6 + 0.1×200=26[mm]$$
여기서, Y : 개구부의 간격[mm]
　　　　X : 개구부에서 위험점까지의 최단거리[mm]

051 ④번은 크레인을 사용하여 작업을 할 때 작업시작 전 점검사항에 해당한다.

관련개념	작업시작 전 점검사항

로봇의 작동범위에서 그 로봇에 관하여 교시 등의 작업을 하는 때
- 외부전선의 피복 또는 외장의 손상 유무
- 매니퓰레이터(Manipulator) 작동의 이상 유무
- 제동장치 및 비상정지장치의 기능

052 총 요양근로손실일수 =휴업일수× $\frac{300}{365}$ =219× $\frac{300}{365}$ =180이므로

강도율= $\frac{총 요양근로손실일수}{연근로시간 수}$ ×1,000

　　　= $\frac{180}{50×(8×300)}$ ×1,000=1.5

053 접근반응형 방호장치는 작업자의 신체부위가 위험한계로 들어오게 되면 이를 감지하여 작동 중인 기계를 즉시 정지시키거나 스위치가 꺼지도록 하는 것(광전자식 안전장치)이다.

054 압력용기 및 공기압축기 등에 부속하는 원동기·축이음·벨트·풀리의 회전 부위 등 근로자가 위험에 처할 우려가 있는 부위에 덮개 또는 울 등을 설치하여야 한다.

055 양수조작식 방호장치 누름버튼의 상호 간 내측거리는 300[mm] 이상이어야 한다.

056 밀링작업 시 강력 절삭을 할 때는 일감을 바이스에 깊게 물린다.

057 연삭숫돌을 사용하는 작업의 경우 작업을 시작하기 전에는 1분 이상, 연삭숫돌을 교체한 후에는 3분 이상 시험운전을 하고 해당 기계에 이상이 있는지를 확인하여야 한다.

058 양중기에 과부하방지장치, 권과방지장치, 비상정지장치 및 제동장치 등의 방호장치가 정상적으로 작동될 수 있도록 미리 조정하여 두어야 한다.

059 양수조작식 방호장치 누름버튼을 양손으로 동시에 조작하지 않으면 작동시킬 수 없는 구조이어야 하며, 양쪽 버튼의 작동시간 차이는 최대 0.5초 이내일 때 프레스가 동작되도록 하여야 한다.

060 가드의 종류는 고정식, 가동식, 조정식, 자동식, 연동식이 있다.

061 부도체에 발생한 정전기는 다른 곳으로 이동하지 않기 때문에 접지에 의해서는 대전방지를 하기 어렵다.

관련개념	부도체의 대전방지

- 부도체의 사용제한(금속 및 도전성 재료의 사용)
- 대전방지제의 사용
- 가습
- 도전성 섬유의 사용
- 대전체의 차폐
- 제전기 사용

062 전기기계·기구의 조작부분을 점검하거나 보수하는 경우에는 전기기계·기구로부터 폭 70[cm] 이상의 작업공간을 확보하여야 한다.

063 고압용 퓨즈 중 포장퓨즈는 정격전류의 1.3배에 견디고, 2배의 전류에 120분 안에 용단되는 것이어야 한다.

064 인체저항과 전압의 크기는 전격의 간접적인 원인이다.

065 정격부동작전류가 정격감도전류의 50[%] 이상이어야 하고 이들의 차가 가능한 한 작아야 한다.

066 비점화방폭구조는 2종 장소에서만 사용 가능하다.

067 일반적으로 대전량은 접촉이나 분리하는 두 가지 물체가 대전서열 내에서 가까운 위치에 있으면 적고, 먼 위치에 있으면 대전량이 큰 경향이 있다.

068 통로 바닥에서 전선 또는 이동전선 등을 설치하여 사용해서는 아니 된다. 다만, 차량이나 그 밖의 물체의 통과 등으로 인하여 해당 전선의 절연피복이 손상될 우려가 없거나 손상되지 않도록 적절한 조치를 한 경우는 제외한다.

069 ① 전류밀도는 통전전류에 비례한다.
② 같은 크기의 전류가 흘러도 접촉면적이 커지면 피부저항은 작아진다.
③ 같은 크기의 전류가 흘러도 접촉면적이 커지면 전류밀도는 작아진다.

070 저압전선로 중 절연부분의 전선과 대지 사이 및 전선의 심선 상호 간의 절연저항은 사용전압에 대한 누설전류가 최대 공급전류의 $\frac{1}{2,000}$ 을 넘지 않도록 하여야 한다.

071 질소는 화학공정에서 불활성화를 위해 사용되는 대표적인 불활성 가스이다.

072 등유나 경유를 주입하는 작업을 하는 경우에는 그 액표면의 높이가 선단의 높이를 넘을 때까지 주입속도를 1[m/s] 이하로 하여야 한다.

073 이산화탄소소화기는 절연성이 높아 전기화재에 적당하다.

관련개념	이산화탄소소화기 특징

- 용기 내 액화탄산가스를 기화하여 가스 형태로 방출한다.
- 불연성 기체로 절연성이 높아 전기화재(C급)에 적당하며 유류화재(B급)에도 유효하다.
- 방사 거리가 짧아 화재현장이 광범위할 경우 사용이 제한적이다.
- 공기보다 무거우며 기체상태이기 때문에 화재 심부까지 침투가 용이하다.
- 반응성이 매우 낮아 부식성이 거의 없다.

074 「산업안전보건법」에 따라 공정안전보고서는 공사 착공일 30일 전까지 공단에 2부 제출하여 심사를 받아야 한다.

075 관 속에 방해물이 있거나 관경이 작을 경우 폭굉 유도거리가 짧아진다.

관련개념	폭굉 유도거리

최초의 완만한 연소속도가 격렬한 폭굉으로 변할 때까지의 시간이다. 다음의 경우 짧아진다.
- 정상 연소속도가 큰 혼합물일 경우
- 점화원의 에너지가 큰 경우
- 고압일 경우
- 관 속에 방해물이 있을 경우
- 관경이 작을 경우

076 분해폭발은 화학물질이 급격하게 분해됨에 따라 발생하는 폭발로, 화학적 폭발에 해당한다.

077 LPG(액화석유가스)는 환각물질로 섭취나 흡입이 금지되어 있지만 비교적 강한 독성이 있는 물질은 아니다.

078 칼륨(K)은 「산업안전보건법령」상 물반응성 물질 및 인화성 고체에 해당하며, 공기 중 반응성이 높아 석유, 경유 등 보호액 속에 저장해야 한다.

079 아보가드로 법칙에 의해 0[℃](273[K]), 1기압에서 공기 1[mol]의 부피는 22.4[L](0.0224[m³])이다.

25[℃](298[K])에서 공기 1[mol]의 부피를 x라 하면

273[K] : 0.0224[m³]＝298[K] : x

$x = \dfrac{0.0224 \times 298}{273} = 0.0244[m^3]$

C_6H_6 10[ppm]은 공기 1[mol]에 C_6H_6 10×10^{-6}[mol]이 들어있는 것이므로 C_6H_6 1[mol]의 부피를 y라 하면

10×10^{-6}[mol] : 0.0244[m³]＝1[mol] : y

$y = \dfrac{0.0244}{10 \times 10^{-6}} = 2,440[m^3]$

C_6H_6의 분자량은 $12 \times 6 + 1 \times 6 = 78$이고,

1[mol]의 부피는 2,440[m³]이므로

C_6H_6 10[ppm]＝$\dfrac{78[\text{g/mol}]}{2,440[\text{m}^3\text{/mol}]} = 0.0319[\text{g/m}^3] = 31.9[\text{mg/m}^3]$

080 기화열은 액체가 기체로 바뀔 때 외부에서 흡수하는 열량으로 점화원이 될 수 없다.

081 $Se = WGs$에서 $e = \dfrac{WG_s}{S} = \dfrac{28 \times 2.7}{80} = 0.945$

여기서, S: 포화도[%]

e: 공극비

W: 함수비[%]

G_s: 흙 입자의 비중

082 터널건설작업을 하는 경우에 해당 터널 내부의 화기나 아크를 사용하는 장소 또는 배전반, 변압기, 차단기 등을 설치하는 장소에 소화설비를 설치하여야 한다.

083 콘크리트의 측압은 콘크리트가 거푸집을 안쪽에서 바깥으로 밀어내는 압력으로 횡하중에 해당된다.

084 TBM공법(Tunnel Boring Machine)
폭약을 사용하지 않고 터널보링머신의 회전에 의해 터널 전단면을 굴착하는 공법으로 암반터널에 적합하다.

085 콘크리트를 한 곳만 집중해서 타설할 경우 거푸집의 변형 또는 동바리의 붕괴를 유발할 수 있다.

086 사업주는 높이 또는 깊이가 2[m]를 초과하는 장소에서 작업하는 경우 해당 작업에 종사하는 근로자가 안전하게 승강하기 위한 건설용 리프트 등의 설비를 설치하여야 한다.

087 개로전압을 안전전압인 30[V] 이하로 유지하여야 감전의 위험을 줄일 수 있다.

088 흙막이 지보공 정기적 점검 및 보수사항
• 부재의 손상·변형·부식·변위 및 탈락의 유무와 상태
• 버팀대의 긴압의 정도
• 부재의 접속부·부착부 및 교차부의 상태
• 침하의 정도

089 보링(Boring)
지중의 토질분포, 토층의 구성, 지하수의 수위 등을 알아보기 위하여 기계를 이용해 지중에 구멍을 뚫고 그 안에 있는 토사를 채취하여 조사하는 지반조사 방법이다.

090 강우량이 1[mm/h] 이상일 경우 철골작업을 중지하여야 한다.

관련개념	철골작업의 제한기준

구분	내용
강풍	풍속이 10[m/s] 이상인 경우
강우	강우량이 1[mm/h] 이상인 경우
강설	강설량이 1[cm/h] 이상인 경우

091 강관틀비계의 벽이음은 수직 방향 6[m], 수평 방향 8[m] 이내로 조립하여야 한다.

092 ④는 말비계의 조립 시 준수사항이다.

093 유해위험방지계획서 제출대상 공사
① 지상높이가 31[m] 이상인 건축물의 해체공사
③ 연면적 5,000[m²] 이상인 시설로서 문화 및 집회시설(전시장 및 동물원·식물원 제외)의 건설공사
④ 깊이가 10[m] 이상인 굴착공사

094 순간풍속이 35[m/s]를 초과하는 바람이 불어올 우려가 있는 경우 건설용 리프트에 대하여 받침의 수를 증가시키는 등 그 붕괴 등을 방지하기 위한 조치를 하여야 한다.

095 교량신설공사는 해당사항이 없다.

관련개념	안전관리비 계상기준표의 공사종류

• 건축공사	• 토목공사
• 중건설공사	• 특수건설공사

096 굴착기의 전부장치는 붐, 암, 버킷 등으로 구성되어 있다.

097 앵글 도저

불도저의 일종으로 블레이드가 지반에 대하여 좌우로 움직여 흙을 측면으로 보낼 수 있다. 주로 토목공사에서 토사의 이동, 운반, 정지 작업에 사용된다.

098 머캐덤 롤러(Macadam Roller)

3륜차의 형식으로 쇠바퀴 롤러가 배치된 기계로, 중량 6~18톤 정도이다. 부순 돌이나 자갈길의 1차 전압 및 마감 전압이나 아스팔트 포장 초기 전압에 사용된다.

099 ④번은 보일링 현상을 방지하는 방법과는 거리가 멀다.

관련개념	보일링(Boiling)의 예방대책

- 흙막이벽의 근입 깊이 증가
- 차수성이 높은 흙막이 설치
- 흙막이벽 배면지반 그라우팅 실시
- 흙막이벽 배면지반의 지하수위 저하

100 비계기둥의 간격은 장선 방향에서는 1.5[m] 이하로 하여야 한다.

MEMO

시원스쿨 新HSK 4급 실전 모의고사

초판 2쇄 발행 2020년 12월 28일

발행인 양홍걸 이시원
발행처 (주)에스제이더블유인터내셔널

저자 최은정
편집총괄 허희주
편집 장성아
감수 시에밍위

출판총괄 조순정
디자인 김현철 유형숙 강민정 차혜린 김보경 이상현
조판 유형숙
출판마케팅 장혜원 이윤재 양수지 위가을
제작 이희진

임프린트 시원스쿨
홈페이지 china.siwonschool.com
주소 서울시 영등포구 국회대로74길 12 남중빌딩 시원스쿨
등록번호 2010년 10월 21일 제 321-2010-0000219

도서문의 안내
대량구입문의 02)2014-8151 **팩스** 02)783-5528
기타문의 02)6409-0878

실제 시험 성우
듣기 음원

✔ 최신 기출 모의고사 2회분 수록
✔ 실제 시험지와 동일한 편집과 구성
✔ 新HSK 4급 필수 어휘 600 PDF 무료 제공

시원스쿨 新HSK 실전 모의고사

저자 최은정

4급

2025 에듀윌 산업안전산업기사 필기

FINAL
실전 모의고사

실전 모의고사	시험지 형식의 모의고사 3회분 제공
정답 및 해설	관련개념을 포함한 상세한 해설 제공
자동채점	CBT 답안지와 유사한 자동채점 QR코드 제공

값 37,000원

13530

9 791136 033765

ISBN 979-11-360-3376-5

실전 모의고사 1회

정답과 해설 P.2

자동 채점

제1과목: 산업재해 예방 및 안전보건교육

001

다음 중 교육훈련 평가의 4단계를 올바르게 나열한 것은?

① 학습 → 반응 → 행동 → 결과
② 학습 → 행동 → 반응 → 결과
③ 행동 → 반응 → 학습 → 결과
④ 반응 → 학습 → 행동 → 결과

002

「보호구 안전인증 고시」에 따른 안전화의 정의 중 (   ) 안에 알맞은 것은?

경작업용 안전화란 (㉠   )[mm]의 낙하높이에서 시험했을 때 충격과 (㉡   )±0.1[kN]의 압축하중에서 시험했을 때 압박에 대하여 보호해 줄 수 있는 선심을 부착하여, 착용자를 보호하기 위한 안전화를 말한다.

① ㉠ 500, ㉡ 10.0
② ㉠ 250, ㉡ 10.0
③ ㉠ 500, ㉡ 4.4
④ ㉠ 250, ㉡ 4.4

003

의식수준 5단계 중 의식수준의 저하로 인한 피로와 단조로움의 생리적 상태가 일어나는 단계는?

① Phase I
② Phase II
③ Phase III
④ Phase IV

004

다음 중 인간이 자기의 실패나 약점을 그럴듯한 이유를 들어 남의 비난을 받지 않도록 하며 또한 자위도 하는 방어기제를 무엇이라 하는가?

① 보상
② 투사
③ 합리화
④ 전이

005

안전인증대상 안전모의 시험성능기준 항목이 아닌 것은?

① 내관통성
② 충격흡수성
③ 내구성
④ 난연성

006

알더퍼의 ERG(Existence Relatedness Growth) 이론에서 생리적 욕구, 물리적 측면의 안전욕구 등 저차원적 욕구에 해당하는 것은?

① 관계욕구
② 성장욕구
③ 존재욕구
④ 사회적욕구

007

산업재해 예방의 4원칙 중 '재해발생에는 반드시 원인이 있다.'라는 원칙은?

① 대책선정의 원칙
② 원인계기의 원칙
③ 손실우연의 원칙
④ 예방가능의 원칙

008

다음 설명에 해당하는 위험예지활동은?

작업을 오조작 없이 안전하게 하기 위하여 작업공정의 요소에서 자신의 행동을 「…, 좋아!」하고 대상을 가리킨 후 큰 소리로 확인하는 것

① 지적확인
② Tool Box Meeting
③ 터치 앤 콜
④ 삼각 위험예지훈련

009

하인리히 재해 발생 5단계 중 3단계에 해당하는 것은?

① 불안전한 행동 또는 불안전한 상태
② 사회적 환경 및 유전적 요소
③ 관리의 부재
④ 사고

010

기억의 과정 중 과거의 학습경험을 통해서 학습된 행동이 현재와 미래에 지속되는 것을 무엇이라 하는가?

① 기명(Memorizing)
② 파지(Retention)
③ 재생(Recall)
④ 재인(Recognition)

011

주의(Attention)의 특징 중 여러 종류의 자극을 자각할 때, 소수의 특정한 것에 한하여 주의가 집중되는 것은?

① 선택성
② 방향성
③ 변동성
④ 검출성

012

산업심리의 5대 요소에 해당되지 않는 것은?

① 동기
② 지능
③ 감정
④ 습관

013

다음 중 테크니컬 스킬즈(Technical Skills)에 관한 설명으로 옳은 것은?

① 모럴(Morale)을 앙양시키는 능력
② 인간을 사물에게 적응시키는 능력
③ 사물을 인간에게 유리하게 처리하는 능력
④ 인간과 인간의 의사소통을 원활히 처리하는 능력

014

「산업안전보건법령」상 안전보건표지 중 지시표지사항의 기본 모형은?

① 사각형
② 원형
③ 삼각형
④ 마름모형

015

다음 중 인간의 욕구를 5단계로 구분한 이론을 발표한 사람은?

① 허즈버그(Herzberg)
② 하인리히(Heinrich)
③ 매슬로우(Maslow)
④ 맥그리거(McGregor)

016

버드(Bird)의 재해발생 비율에서 물적 손해만의 사고가 120건 발생하면 상해도 손해도 없는 사고는 몇 건 정도 발생하겠는가?

① 600건
② 1,200건
③ 1,800건
④ 2,400건

017

다음 중 무재해 운동의 기본이념 3원칙과 거리가 먼 것은?

① 무의 원칙　　　　② 자주활동의 원칙
③ 참가의 원칙　　　④ 선취해결의 원칙

018

교육의 3요소 중 교육의 주체에 해당하는 것은?

① 강사　　　　　　② 교재
③ 수강자　　　　　④ 교육방법

019

다음 중 안전교육의 3단계에서 생활지도, 작업동작지도 등을 통한 안전의 습관화를 위한 교육을 무엇이라 하는가?

① 지식교육　　　　② 기능교육
③ 태도교육　　　　④ 인성교육

020

다음 중 「산업안전보건법령」상 근로자 안전보건교육의 교육과정에 해당하지 않는 것은?

① 검사원 정기점검교육
② 특별교육
③ 정기교육
④ 작업내용 변경 시의 교육

제2과목: 인간공학 및 위험성평가 · 관리

021

다음 중 정보의 전달방법으로 시각적 표시장치보다 청각적 표시방법을 이용하는 것이 적절한 경우는?

① 정보의 내용이 복잡하고 긴 경우
② 정보가 시간적인 사건을 다루는 경우
③ 즉각적인 행동을 요구하지 않는 경우
④ 정보가 공간적인 위치를 다루는 경우

022

다음 중 조종-반응 비율(C/R비)에 따른 이동시간과 조정시간의 관계로 옳은 것은?

023

결함수분석법에서 일정 조합 안에 포함되는 기본사상들이 동시에 발생할 때 반드시 목표사상을 발생시키는 조합을 무엇이라 하는가?

① Cut set　　　　　② Decision tree
③ Path set　　　　　④ 불 대수

024

인체측정치를 이용한 설계에 관한 설명으로 옳은 것은?

① 평균치를 기준으로 한 설계를 제일 먼저 고려한다.
② 자세와 동작에 따라 고려해야 할 인체측정 치수가 달라진다.
③ 의자의 깊이와 너비는 작은 사람 기준으로 설계한다.
④ 큰 사람을 기준으로 한 설계는 인체측정치의 5[%tile]을 사용한다.

025

시스템의 성능 저하가 인원의 부상이나 시스템 전체에 중대한 손해를 입히지 않고 제어가 가능한 상태의 위험강도는?

① 범주 Ⅰ: 파국적
② 범주 Ⅱ: 위기적
③ 범주 Ⅲ: 한계적
④ 범주 Ⅳ: 무시

026

다음 중 FTA를 이용하여 사고원인의 분석 등 시스템의 위험을 분석할 경우 기대효과와 관계없는 것은?

① 사고원인 분석의 정량화 가능
② 사고원인 규명의 귀납적 해석 가능
③ 안전점검을 위한 체크리스트 작성 가능
④ 복잡하고 대형화된 시스템의 신뢰성 분석 및 안전성 분석 가능

027

다음 중 Fussell의 알고리즘에 대한 설명으로 적절하지 않은 것은?

① OR 게이트는 항상 컷셋의 수를 증가시킨다.
② AND 게이트는 항상 컷셋의 크기를 증가시킨다.
③ 중복 및 반복되는 사건이 많은 경우에 적용하기 적합하고 매우 간편하다.
④ 톱(Top)사상을 일으키기 위해 필요한 최소한의 컷셋이 최소 컷셋이다.

028

인간공학적 수공구의 설계에 관한 설명으로 옳은 것은?

① 수공구 사용 시 무게 균형이 유지되도록 설계한다.
② 손잡이 크기를 수공구 크기에 맞추어 설계한다.
③ 힘을 요하는 수공구의 손잡이는 직경을 60[mm] 이상으로 한다.
④ 정밀 작업용 수공구의 손잡이는 직경을 5[mm] 이하로 한다.

029

40[phon]이 1[sone]일 때 60[phon]은 몇 [sone] 인가?

① 2[sone]
② 4[sone]
③ 6[sone]
④ 100[sone]

030

인간이 기대하는 바와 자극 또는 반응들이 일치하는 관계를 무엇이라 하는가?

① 관련성
② 반응성
③ 양립성
④ 자극성

031

FT도에 사용되는 기호 중 통상사상을 나타낸 것은?

032

「산업안전보건법령」에서 정한 물리적 인자의 분류기준에 있어서 소음은 소음성 난청을 유발할 수 있는 몇 [dB] 이상의 시끄러운 소리로 규정하고 있는가?

① 70
② 85
③ 100
④ 115

033

다음 중 제조나 생산과정에서의 품질관리 미비로 생기는 고장으로, 점검작업이나 시운전으로 예방할 수 있는 고장은?

① 초기고장
② 마모고장
③ 우발고장
④ 평상고장

034

화학공장(석유화학사업장 등)에서 가동문제를 파악하는 데 널리 사용되며, 위험요소를 예측하고, 새로운 공정에 대한 가동문제를 예측하는 데 사용되는 위험성평가방법은?

① SHA
② EVP
③ CCFA
④ HAZOP

035

건강한 남성이 8시간 동안 특정 작업을 실시하고, 분당 산소소비량이 1.1[L/min]으로 나타났다면 8시간 총 작업시간에 포함될 휴식시간은 약 몇 분인가?(단, Murrell의 방법을 적용하며, 휴식 중 에너지소비율은 1.5[kcal/min]이다.)

① 30분
② 54분
③ 60분
④ 75분

036

공간 배치의 원칙에 해당하지 않는 것은?

① 중요성의 원칙
② 다양성의 원칙
③ 사용빈도의 원칙
④ 기능별 배치의 원칙

037

인지 및 인지의 오류를 예방하기 위해 목표와 관련하여 작동을 계획해야 하는데 특수하고 친숙하지 않은 상황에서 발생하며, 부적절한 분석이나 의사결정을 잘못하여 발생하는 오류는?

① 기능에 기초한 행동(Skill-based Behavior)
② 규칙에 기초한 행동(Rule-based Behavior)
③ 지식에 기초한 행동(Knowledge-based Behavior)
④ 사고에 기초한 행동(Accident-based Behavior)

038

인터페이스 설계 시 고려해야 하는 인간과 기계와의 조화성에 해당되지 않는 것은?

① 지적 조화성
② 신체적 조화성
③ 감성적 조화성
④ 심미적 조화성

039

가청주파수 내에서 사람의 귀가 가장 민감하게 반응하는 주파수 대역은?

① 20~20,000[Hz]
② 50~15,000[Hz]
③ 100~10,000[Hz]
④ 500~3,000[Hz]

040

건구온도 38[℃], 습구온도 32[℃]일 때의 Oxford 지수는 몇 [℃]인가?

① 30.2[℃]
② 32.9[℃]
③ 35.0[℃]
④ 37.1[℃]

제3과목: 기계 · 기구 및 설비 안전관리

041

작업장 내 운반을 주목적으로 하는 구내운반차가 준수해야 할 사항으로 옳지 않은 것은?

① 주행을 제동하거나 정지상태를 유지하기 위하여 유효한 제동장치를 갖출 것
② 경음기를 갖출 것
③ 핸들의 중심에서 차체 바깥 측까지의 거리가 65[cm] 이내일 것
④ 운전자석이 차 실내에 있는 것은 좌우에 한 개씩 방향지시기를 갖출 것

042

다음 중 연삭기를 이용한 작업을 할 경우 연삭숫돌을 교체한 후에는 얼마 동안 시험운전을 하여야 하는가?

① 1분 이상
② 3분 이상
③ 10분 이상
④ 15분 이상

043

크레인 작업 시 로프에 1톤의 중량을 걸어 20[m/s^2]의 가속도로 감아올릴 때, 로프에 걸리는 총 하중[kgf]은 약 얼마인가?(단, 중력가속도는 10[m/s^2]이다.)

① 1,000
② 2,000
③ 3,000
④ 3,500

044

상시 근로자수가 75명인 사업장에서 1일 8시간씩 연간 320일을 작업하는 동안에 4건의 재해가 발생하였다면 이 사업장의 도수율은 약 얼마인가?

① 17.68
② 19.67
③ 20.83
④ 22.83

045

프레스 등의 금형을 부착 · 해체 또는 조정 작업 중 슬라이드가 갑자기 작동하여 근로자에게 발생할 수 있는 위험을 방지하기 위하여 설치하는 것은?

① 방호 울
② 안전블록
③ 시건장치
④ 게이트 가드

046

기계설비의 방호를 위험장소에 대한 방호와 위험원에 대한 방호로 분류할 때, 다음 중 위험원에 대한 방호장치에 해당하는 것은?

① 격리형 방호장치
② 포집형 방호장치
③ 접근거부형 방호장치
④ 위치제한형 방호장치

047

목재가공용 둥근톱의 두께가 3[mm]일 때, 분할날의 두께는 몇 [mm] 이상이어야 하는가?

① 3.3[mm] 이상
② 3.6[mm] 이상
③ 4.5[mm] 이상
④ 4.8[mm] 이상

048

다음 중 산업용 로봇에 의한 작업 시 안전조치 사항으로 적절하지 않은 것은?

① 로봇의 운전으로 인해 근로자에게 발생할 수 있는 부상 등의 위험을 방지하기 위하여 높이 1.8[m] 이상의 울타리를 설치하여야 한다.
② 작업을 하고 있는 동안 로봇의 기동스위치 등은 작업에 종사하고 있는 근로자가 아닌 사람이 그 스위치 등을 조작할 수 없도록 필요한 조치를 한다.
③ 로봇의 조작방법 및 순서, 작업 중의 매니퓰레이터의 속도 등에 관한 지침에 따라 작업을 하여야 한다.
④ 작업에 종사하는 근로자가 이상을 발견하면, 관리감독자에게 우선 보고하고, 지시에 따라 로봇의 운전을 정지시킨다.

049

컨베이어의 종류가 아닌 것은?

① 체인 컨베이어
② 스크루 컨베이어
③ 슬라이딩 컨베이어
④ 유체 컨베이어

050

다음 중 「산업안전보건법령」상 이동식 크레인을 사용하여 작업할 때의 작업시작 전 점검사항으로 틀린 것은?

① 브레이크·클러치 및 조정장치의 기능
② 권과방지장치나 그 밖의 경보장치의 기능
③ 와이어로프가 통하고 있는 곳 및 작업장소의 지반상태
④ 원동기·회전축·기어 및 풀리 등의 덮개 또는 울 등의 이상 유무

051

다음 중 「산업안전보건법령」에 따른 압력용기에 설치하는 안전밸브의 설치 및 작동에 관한 설명으로 틀린 것은?

① 다단형 압축기에는 각 단 또는 각 공기 압축기별로 안전밸브 등을 설치하여야 한다.
② 안전밸브는 이를 통하여 보호하려는 설비의 최저사용압력 이하에서 작동되도록 설정하여야 한다.
③ 화학공정 유체와 안전밸브의 디스크 또는 시트가 직접 접촉될 수 있도록 설치된 경우에는 매년 1회 이상 국가교정기관에서 교정을 받은 압력계를 이용하여 검사한 후 납으로 봉인하여 사용한다.
④ 공정안전보고서 이행상태 평가결과가 우수한 사업장의 안전밸브의 경우 검사주기는 4년마다 1회 이상이다.

052

클러치 프레스에 부착된 양수기동식 방호장치에 있어서 클러치의 맞물린 개소 수가 4군데, 매분 행정 수가 300[SPM]일 때 양수조작식 조작부의 최소 안전거리는?(단, 인간의 손의 기준속도는 1.6[m/s]로 한다.)

① 240[mm]　　② 260[mm]
③ 340[mm]　　④ 360[mm]

053

연삭숫돌과 작업받침대, 교반기의 날개와 하우스 등 기계의 회전 운동하는 부분과 고정부분 사이에 위험이 형성되는 위험점은?

① 물림점　　② 끼임점
③ 절단점　　④ 접선물림점

054

프레스의 광전자식 방호장치에서 손이 광선을 차단한 직후부터 급정지장치가 작동을 개시한 시간이 0.03초이고, 급정지장치가 작동을 시작하여 슬라이드가 정지할 때까지의 시간이 0.2초라면 광축의 설치위치는 위험점에서 얼마 이상 유지해야 하는가?

① 153[mm]　　② 279[mm]
③ 368[mm]　　④ 451[mm]

055

산업용 로봇의 재해 발생에 대한 주된 원인이며, 본체의 외부에 조립되어 인간의 팔에 해당되는 기능을 하는 것은?

① 센서(Sensor)
② 제어 로직(Control logic)
③ 제동장치(Brake system)
④ 매니퓰레이터(Manipulator)

056

롤러기의 급정지장치를 작동시켰을 경우에 무부하 운전 시 앞면 롤러의 표면속도가 30[m/min] 미만일 때의 급정지거리로 적합한 것은?

① 앞면 롤러 원주의 1/1.5 이내
② 앞면 롤러 원주의 1/2 이내
③ 앞면 롤러 원주의 1/2.5 이내
④ 앞면 롤러 원주의 1/3 이내

057

드릴링 머신을 이용한 작업 시 안전수칙에 관한 설명으로 옳지 않은 것은?

① 일감을 손으로 견고하게 쥐고 작업한다.
② 장갑을 끼고 작업을 하지 않는다.
③ 칩은 기계를 정지시킨 다음에 와이어브러시로 제거한다.
④ 드릴을 끼운 후에는 척 렌치를 반드시 탈거한다.

058

「산업안전보건법령」상 가스집합장치는 화기를 사용하는 설비로부터 얼마 이상 떨어진 장소에 설치하여야 하는가?

① 5[m]
② 7[m]
③ 10[m]
④ 25[m]

059

양중기에 사용 가능한 섬유로프에 해당하는 것은?

① 꼬임이 끊어진 것
② 심하게 손상되거나 부식된 것
③ 작업높이보다 길이가 긴 것
④ 2개 이상의 작업용 섬유로프 또는 섬유벨트를 연결한 것

060

다음 중 지게차 헤드가드에 관한 설명으로 틀린 것은?

① 상부틀의 각 개구의 폭 또는 길이가 16[cm] 미만일 것
② 강도는 지게차 최대하중의 등분포정하중에 견딜 것
③ 운전자가 서서 조작하는 방식의 지게차의 경우에는 운전석의 바닥면에서 헤드가드의 상부틀 하면까지의 높이가 1.88[m] 이상일 것
④ 운전자가 앉아서 조작하는 방식의 지게차의 경우에는 운전자의 좌석 윗면에서 헤드가드의 상부틀 아랫면까지의 높이가 0.903[m] 이상일 것

제4과목: 전기 및 화학설비 안전관리

061

다음 중 감전에 영향을 미치는 요인으로 통전경로별 위험도가 가장 높은 것은?

① 왼손-등
② 오른손-가슴
③ 왼손-가슴
④ 오른손-등

062

최대안전틈새(MESG)의 특성을 적용한 방폭구조는?

① 내압방폭구조
② 유입방폭구조
③ 안전증방폭구조
④ 압력방폭구조

063

다음 중 정전기의 발생에 영향을 주는 요인과 가장 관계가 먼 것은?

① 물질의 표면상태
② 물질의 분리속도
③ 물체의 표면온도
④ 물질의 접촉면적

064

선간전압이 6.6[kV]인 충전전로 인근에서 유자격자가 작업하는 경우, 충전전로에 대한 최소 접근한계거리[cm]는?(단, 충전부에 절연 조치가 되어 있지 않고, 작업자는 절연장갑을 착용하지 않았다.)

① 20
② 30
③ 50
④ 60

065

「산업안전보건법령」에 따라 꽂음접속기를 설치 또는 사용하는 경우 준수하여야 할 사항으로 틀린 것은?

① 서로 다른 전압의 꽂음접속기는 서로 접속되지 아니한 구조의 것을 사용할 것
② 습윤한 장소에 사용되는 꽂음접속기는 방수형 등 그 장소에 적합한 것을 사용할 것
③ 근로자가 해당 꽂음접속기를 접속시킬 경우에는 땀 등으로 젖은 손으로 취급하지 않도록 할 것
④ 해당 꽂음접속기에 잠금장치가 있을 경우에는 접속 후 개방하여 사용할 것

066

다음 중 정전기 재해의 방지대책으로 가장 적절한 것은?

① 절연도가 높은 플라스틱을 사용한다.
② 대전하기 쉬운 금속은 접지를 실시한다.
③ 작업장 내의 온도를 낮게 해서 방전을 촉진시킨다.
④ (+), (−)전하의 이동을 방해하기 위하여 주위의 습도를 낮춘다.

067

다음 중 220[V] 회로에서 인체 저항이 550[Ω]인 경우 안전범위에 들어갈 수 있는 누전차단기의 정격으로 가장 적절한 것은?

① 30[mA], 0.03초
② 30[mA], 0.1초
③ 50[mA], 0.2초
④ 50[mA], 0.3초

068

인체가 전격을 당했을 경우 통전시간이 1초라면 심실세동을 일으키는 전류값[mA]은?(단, 심실세동전류값은 Dalziel의 관계식을 이용한다.)

① 100
② 165
③ 180
④ 215

069

보기 중 계통접지방식에 해당하지 않는 것은?

① IT 방식
② TT 방식
③ TN−C 방식
④ TC 방식

070

「산업안전보건법」상 누전에 의한 감전의 위험을 방지하기 위하여 접지를 하여야 하는 부분으로 고정 설치되거나 고정배선에 접속된 전기기계·기구의 노출된 비충전 금속체 중 충전될 우려가 있는 접지 대상에 해당하지 않는 것은?

① 사용전압이 대지전압 75[V]를 넘는 것
② 물기 또는 습기가 있는 장소에 설치되어 있는 것
③ 금속으로 되어 있는 기기접지용 전선의 피복·외장 또는 배선관
④ 지면이나 접지된 금속체로부터 수직거리 2.4[m], 수평거리 1.5[m] 이내인 것

071

다음 중 연소의 3요소에 해당되지 않는 것은?

① 가연물   ② 점화원

③ 연쇄반응   ④ 산소공급원

072

메탄 20[vol%], 에탄 25[vol%], 프로판 55[vol%]의 조성을 가진 혼합가스의 폭발하한계 값[vol%]은 약 얼마인가?(단, 메탄, 에탄, 프로판가스의 폭발하한값은 각각 5[vol%], 3[vol%], 2[vol%]이다.)

① 2.51   ② 3.12

③ 4.26   ④ 5.22

073

다음 중 소화(消火)방법에 있어 제거소화에 해당하지 않는 것은?

① 연료 탱크를 냉각하여 가연성 기체의 발생 속도를 작게 한다.

② 금속화재의 경우 불활성 물질로 가연물을 덮어 미연소 부분과 분리한다.

③ 가연성 기체의 분출 화재 시 주밸브를 잠그고 연료 공급을 중단시킨다.

④ 가연성 가스나 산소의 농도를 조절하여 혼합기체의 농도를 연소범위 밖으로 벗어나게 한다.

074

어떤 물질 내에서 반응전파속도가 음속보다 빠르게 진행되며 이로 인해 발생된 충격파가 반응을 일으키고 유지하는 발열반응을 무엇이라 하는가?

① 점화(Ignition)   ② 폭연(Deflagration)

③ 폭발(Explosion)   ④ 폭굉(Detonation)

075

「산업안전보건법령」상 공정안전보고서에 포함되어야 하는 사항 중 공정안전자료의 세부내용에 해당하는 것은?

① 주민홍보계획

② 안전운전지침서

③ 위험과 운전 분석(HAZOP)

④ 각종 건물·설비의 배치도

076

다음 중 「산업안전보건법령」상의 위험물질의 종류에 있어 폭발성 물질 및 유기과산화물에 해당하는 것은?

① 리튬   ② 하이드라진

③ 하이드라진 유도체   ④ 염소산 및 그 염류

077

유해·위험설비의 설치·이전 시 공정안전보고서의 제출시기로 옳은 것은?

① 공사완료 전까지

② 공사 후 시운전 익일까지

③ 설비 가동 후 30일 내에

④ 공사의 착공일 30일 전까지

078

다음 중 분진폭발의 가능성이 가장 낮은 물질은?

① 소맥분
② 마그네슘분
③ 질석가루
④ 석탄가루

079

다음 가스 중 공기 중에서 폭발범위가 넓은 순서로 옳은 것은?

① 아세틸렌>프로판>수소>일산화탄소
② 수소>아세틸렌>프로판>일산화탄소
③ 아세틸렌>수소>일산화탄소>프로판
④ 수소>프로판>일산화탄소>아세틸렌

080

다음 반응식에서 프로판가스의 화학양론 농도는 약 얼마인가?

$$C_3H_8 + 5O_2 + 18.8N_2 \rightarrow 3CO_2 + 4H_2O + 18.8N_2$$
$$\underline{\qquad\qquad\qquad}$$
공기

① 8.04[vol%]
② 4.02[vol%]
③ 20.4[vol%]
④ 40.8[vol%]

제5과목: 건설공사 안전관리

081

흙막이 가시설 공사 중 발생할 수 있는 히빙현상에 관한 설명으로 틀린 것은?

① 흙막이 벽체 내·외의 토사 중량차에 의해 발생한다.
② 연약한 점토지반에서 굴착면의 융기로 발생한다.
③ 연약한 사질토 지반에서 주로 발생한다.
④ 흙막이벽의 근입 깊이가 부족할 경우 발생한다.

082

다음 굴착기계 중 주행기면보다 하방의 굴착에 적합하지 않은 것은?

① 백호우
② 클램셸
③ 파워셔블
④ 드래그라인

083

신축공사 현장에서 강관으로 외부비계를 설치할 때 비계기둥의 최고 높이가 45[m]라면 관련 법령에 따라 비계기둥을 2개의 강관으로 보강하여야 하는 높이는 지상으로부터 얼마까지인가?

① 14[m]
② 20[m]
③ 25[m]
④ 31[m]

084

크레인을 사용하여 양중작업을 하는 때에 안전한 작업을 위해 준수하여야 할 내용으로 틀린 것은?

① 인양할 하물을 바닥에서 끌어당기거나 밀어 정위치 작업을 할 것
② 가스통 등 운반 도중에 떨어져 폭발 가능성이 있는 위험물용기는 보관함에 담아 매달아 운반할 것
③ 인양 중인 하물이 작업자의 머리 위로 통과하게 하지 아니할 것
④ 인양할 하물이 보이지 아니하는 경우에는 어떠한 동작도 하지 아니할 것

085

다음 (   ) 안에 들어갈 말로 옳은 것은?

콘크리트 측압은 콘크리트 타설속도, (   ), 단위용적중량, 온도, 철근배근상태 등에 따라 달라진다.

① 타설높이
② 타설순서
③ 콘크리트 강도
④ 박리제

086

지반의 사면파괴 유형 중 유한사면의 종류가 아닌 것은?

① 사면 내 파괴　　　② 사면 선단 파괴
③ 사면 저부 파괴　　④ 직립 사면 파괴

087

철골공사에서 나타나는 용접결함의 종류에 해당하지 않는 것은?

① 오버랩　　　　　② 언더컷
③ 블로홀　　　　　④ 가우징

088

건물 외벽의 도장작업을 위하여 섬유로프 등의 재료로 상부 지점에서 작업용 발판을 매다는 형식의 비계는?

① 말비계　　　　　② 달비계
③ 브래킷 비계　　　④ 이동식 비계

089

건설공사 시 계측관리의 목적으로 가장 적합하지 않은 것은?

① 지역의 특수성보다는 토질의 일반적인 특성 파악을 목적으로 한다.
② 시공 중 위험에 대한 정보 제공을 목적으로 한다.
③ 설계 시 예측치와 시공 시 측정치의 비교를 목적으로 한다.
④ 향후 거동 파악 및 대책수립을 목적으로 한다.

090

유해위험방지계획서 검토자의 자격요건에 해당되지 않는 것은?

① 건설안전분야 산업안전지도사
② 건설안전기사로서 실무경력 3년 이상인 자
③ 건설안전산업기사 이상으로서 실무경력 7년 이상인 자
④ 건설안전기술사

091

건물외부에 낙하물 방지망을 설치할 경우 벽면으로부터 돌출되는 거리의 기준은?

① 1[m] 이상　　　　② 1.5[m] 이상
③ 1.8[m] 이상　　　④ 2[m] 이상

092

공사금액이 500억 원인 건설공사에서 선임해야 할 최소 안전관리자 수는?

① 1명　　　　　　　② 2명
③ 3명　　　　　　　④ 4명

093

항타기 및 항발기를 조립하는 경우 점검하여야 할 사항이 아닌 것은?

① 과부하장치 및 제동장치의 이상 유무
② 권상장치의 브레이크 및 쐐기장치 기능의 이상 유무
③ 본체 연결부의 풀림 또는 손상의 유무
④ 권상기의 설치상태의 이상 유무

094

안전난간의 구조 및 설치요건과 관련하여 발끝막이판의 바닥으로부터 설치높이 기준으로 옳은 것은?

① 10[cm] 이상   ② 15[cm] 이상
③ 20[cm] 이상   ④ 30[cm] 이상

095

콘크리트 측압에 관한 설명 중 옳지 않은 것은?

① 슬럼프가 클수록 측압은 커진다.
② 벽 두께가 두꺼울수록 측압은 커진다.
③ 타설속도가 느릴수록 측압은 커진다.
④ 대기 온도가 낮을수록 측압은 커진다.

096

다음 중 항타기·항발기의 권상용 와이어로프로 사용 가능한 것은?

① 이음매가 있는 것
② 심하게 변형 또는 부식된 것
③ 지름의 감소가 공칭지름의 8[%]인 것
④ 와이어로프의 한 꼬임에서 끊어진 소선의 수가 5[%]인 것

097

토사붕괴를 예방하기 위한 굴착면의 기울기 기준으로 옳지 않은 것은?

① 모래 – 1 : 1.8
② 풍화암 – 1 : 0.7
③ 연암 – 1 : 1.0
④ 경암 – 1 : 0.5

098

철근가공작업에서 가스절단을 할 때의 유의사항으로 틀린 것은?

① 가스절단 작업 시 호스는 겹치거나 구부러지거나 밟히지 않도록 한다.
② 호스, 전선 등은 작업효율을 위하여 다른 작업장을 거치는 곡선상의 배선이어야 한다.
③ 작업장에서 가연성 물질에 인접하여 용접작업을 할 때에는 소화기를 비치하여야 한다.
④ 가스절단 작업 중에는 보호구를 착용하여야 한다.

099

다음 중 사다리식 통로를 설치할 때 준수해야 할 사항으로 옳지 않은 것은?

① 발판과 벽과의 사이는 15[cm] 이상의 간격을 유지할 것
② 사다리의 상단은 걸쳐놓은 지점으로부터 60[cm] 이상 올라가도록 할 것
③ 이동식 사다리식 통로의 기울기는 75° 이하로 할 것
④ 사다리식 통로의 길이가 10[m] 이상인 때에는 7[m] 이내마다 계단참을 설치할 것

100

추락방호망의 달기로프를 지지점에 부착할 때 지지점의 간격이 1.5[m]인 경우 지지점의 강도는 최소 얼마 이상이어야 하는가?(단, 연속적인 구조물이 방망지지점인 경우이다.)

① 200[kg]   ② 300[kg]
③ 400[kg]   ④ 500[kg]

실전 모의고사 2회

정답과 해설 P.9

제1과목: 산업재해 예방 및 안전보건교육

001
다음 중 사고예방대책의 기본원리 5단계에 있어 3단계에 해당하는 것은?

① 분석 ② 안전조직
③ 사실의 발견 ④ 시정방법의 선정

002
교육훈련의 효과는 5관을 최대한 활용하여야 하는데 다음 중 효과가 가장 큰 것은?

① 청각 ② 시각
③ 촉각 ④ 후각

003
「산업안전보건법령」상 안전보건표지의 종류와 형태 중 그림과 같은 경고 표지는?(단, 바탕은 무색, 기본모형은 빨간색, 그림은 검은색이다.)

① 부식성물질 경고 ② 폭발성물질 경고
③ 산화성물질 경고 ④ 인화성물질 경고

004
다음 중 맥그리거(McGregor)의 X·Y 이론에서 Y 이론의 관리처방에 해당하는 것은?

① 분권화와 권한의 위임
② 경제적 보상체제의 강화
③ 권위주의적 리더십의 확립
④ 면밀한 감독과 엄격한 통제

005
재해 원인을 통상적으로 직접 원인과 간접 원인으로 나눌 때 직접 원인에 해당되는 것은?

① 기술적 원인 ② 물적 원인
③ 교육적 원인 ④ 관리적 원인

006
위험예지훈련 4R(라운드)의 진행방법에서 3R(라운드)에 해당하는 것은?

① 목표설정 ② 본질추구
③ 현상파악 ④ 대책수립

007
레윈(Lewin)의 법칙 $B=f(P \cdot E)$에서 인간행동(B)은 개체(P)와 환경조건(E)과의 상호 함수관계를 갖는다. 다음 중 환경조건(E)이 나타내는 것은?

① 지능 ② 소질
③ 적성 ④ 인간관계

008
심리검사의 특징 중 "검사의 관리를 위한 조건과 절차의 일관성과 통일성"을 의미하는 것은?

① 규준 ② 표준화
③ 객관성 ④ 신뢰성

009

「산업안전보건법령」상 안전보건표지의 색채, 색도기준 및 용도 중 다음 (   ) 안에 들어갈 알맞은 것은?

색채	색도기준	용도	사용 예
( )	5Y 8.5/12	경고	화학물질 취급장소에서의 유해·위험경고 이외의 위험경고, 주의표지 또는 기계방호물

① 파란색
② 노란색
③ 빨간색
④ 검은색

010

OJT(On the Job Training)의 특징 중 틀린 것은?

① 훈련과 업무의 계속성이 끊어지지 않는다.
② 직장의 실정에 맞게 실제적 훈련이 가능하다.
③ 훈련의 효과가 곧 업무에 나타나며, 훈련의 개선이 용이하다.
④ 다수의 근로자들에게 조직적 훈련이 가능하다.

011

인지과정 착오의 요인이 아닌 것은?

① 정서 불안정
② 감각차단 현상
③ 작업자의 기능 미숙
④ 생리·심리적 능력의 한계

012

모랄 서베이(Morale Survey)의 효용이 아닌 것은?

① 조직 또는 구성원의 성과를 비교·분석한다.
② 종업원의 정화(Catharsis)작용을 촉진시킨다.
③ 경영관리를 개선하는 자료를 얻는다.
④ 근로자의 심리 또는 욕구를 파악하여 불만을 해소하고, 노동의욕을 높인다.

013

기업 내 교육방법 중 작업의 개선방법 및 사람을 다루는 방법, 작업을 가르치는 방법 등을 주된 교육내용으로 하는 것은?

① CCS(Civil Communication Section)
② MTP(Management Training Program)
③ TWI(Training Within Industry)
④ ATT(American Telephone & Telegram Co.)

014

지도자가 추구하는 계획과 목표를 부하직원이 자신의 것으로 받아들여 자발적으로 참여하게 하는 리더십의 권한은?

① 보상적 권한
② 강압적 권한
③ 위임된 권한
④ 합법적 권한

015

다음 중 산업안전심리의 5대 요소에 해당하는 것은?

① 기질(Temper)
② 지능(Intelligence)
③ 감각(Sense)
④ 환경(Environment)

016

다음 중 시행착오설에 의한 학습법칙에 해당하지 않는 것은?

① 효과의 법칙
② 준비성의 법칙
③ 연습의 법칙
④ 일관성의 법칙

017

「산업안전보건법」상 특별안전보건교육에 있어 대상 작업별 교육내용 중 밀폐공간에서의 작업에 대한 교육내용과 가장 거리가 먼 것은?(단, 기타 안전보건관리에 필요한 사항은 제외한다.)

① 산소농도 측정 및 작업환경에 관한 사항
② 유해물질이 인체에 미치는 영향
③ 보호구 착용 및 사용방법에 관한 사항
④ 사고 시의 응급처치 및 비상시 구출에 관한 사항

018

다음 중 학습 목적의 3요소에 해당하지 않는 것은?

① 주제   ② 대상
③ 목표   ④ 학습 정도

019

「산업안전보건법령」상 근로자 안전보건교육 중 채용 시의 교육 및 작업내용 변경 시의 교육사항으로 옳은 것은?

① 물질안전보건자료에 관한 사항
② 건강증진 및 질병 예방에 관한 사항
③ 유해·위험 작업환경 관리에 관한 사항
④ 표준안전작업방법 결정 및 지도·감독 요령에 관한 사항

020

다음 중 헤드십에 관한 내용으로 볼 수 없는 것은?

① 부하와의 사회적 간격이 좁다.
② 지휘의 형태는 권위주의적이다.
③ 권한은 조직으로부터 부여받는다.
④ 권한에 대한 근거는 법적 또는 규정에 의한다.

021

다음과 같은 FT도에서 Minimal Cut Set으로 옳은 것은?

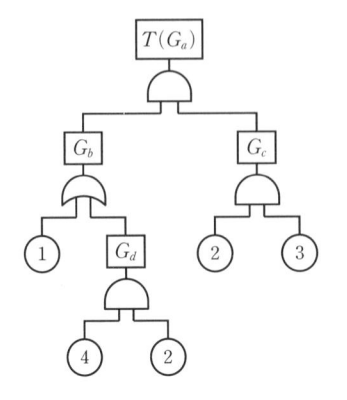

① (2, 3)   ② (1, 2, 3)
③ (1, 2, 3), (2, 3, 4)   ④ (1, 2, 3), (1, 3, 4)

022

다음은 $\frac{1}{100}$ 초 동안 발생한 3개의 음파를 나타낸 것이다. 음의 세기가 가장 큰 것과 가장 높은 음은 무엇인가?

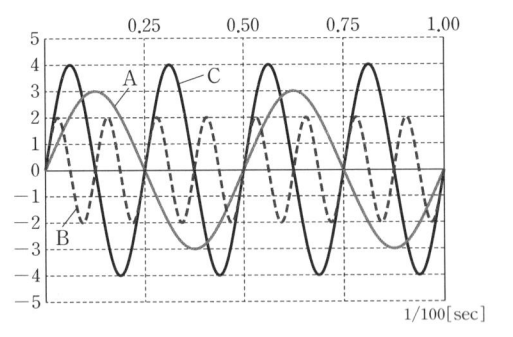

① 가장 큰 음의 세기:A, 가장 높은 음:B
② 가장 큰 음의 세기:C, 가장 높은 음:B
③ 가장 큰 음의 세기:C, 가장 높은 음:A
④ 가장 큰 음의 세기:B, 가장 높은 음:C

023

안전성 평가의 기본원칙을 6단계로 나누었을 때 다음 중 가장 먼저 수행해야 되는 것은?

① 정성적 평가   ② 작업조건 측정
③ 정량적 평가   ④ 관계 자료의 정비검토

024

작업장의 실효온도에 영향을 주는 인자 중 가장 관계가 먼 것은?

① 온도　　　　　　② 체온
③ 습도　　　　　　④ 공기유동

025

작업형태나 작업조건 중에서 다른 문제가 생겨 필요사항을 실행할 수 없는 경우나 어떤 결함으로부터 파생하여 발생하는 오류를 무엇이라 하는가?

① Commission Error　　② Command Error
③ Extraneous Error　　④ Secondary Error

026

작업자가 100개의 부품을 육안 검사하여 20개의 불량품을 발견하였다. 실제 불량품이 40개라면 인간에러(Human Error) 확률은 약 얼마인가?

① 0.2　　　　　　② 0.3
③ 0.4　　　　　　④ 0.5

027

다음 중 결함수분석기법(FTA)에 관한 설명으로 틀린 것은?

① 최초 Watson이 군용으로 고안하였다.
② 미니멀 패스셋(Minimal Path Set)을 구하기 위해서는 미니멀 컷셋(Minimal Cut Set)의 상대성을 이용한다.
③ 정상사상의 발생확률을 구한 다음 FT도를 작성한다.
④ AND 게이트의 확률 계산은 입력사상의 곱으로 한다.

028

다음 통제용 조종장치의 형태 중 그 성격이 다른 것은?

① 노브(Knob)
② 푸시 버튼(Push Button)
③ 토글 스위치(Toggle Switch)
④ 로터리스위치(Rotary Switch)

029

인체 측정치 중 기능적 인체치수에 해당되는 것은?

① 표준자세
② 특정 작업에 국한
③ 움직이지 않는 피측정자
④ 각 지체는 독립적으로 움직임

030

1[cd]의 점광원에서 1[m] 떨어진 곳에서의 조도가 3[lux]였다. 동일한 조건에서 5[m] 떨어진 곳에서의 조도는 약 몇 [lux]인가?

① 0.12　　　　　　② 0.22
③ 0.36　　　　　　④ 0.56

031

다음 중 신체와 환경 간의 열교환 과정을 가장 올바르게 나타낸 식은?(단, W는 일, M은 대사율, S는 열축적, R은 복사, C는 대류, E는 증발, Clo는 의복의 단열률이다.)

① $W = (M+S) \pm R \pm C - E$
② $S = (M-W) \pm R \pm C - E$
③ $W = Clo \times (M-S) \pm R \pm C - E$
④ $S = Clo \times (M-W) \pm R \pm C - E$

032

반복되는 사건이 많이 있는 경우에 FTA의 최소 컷셋을 구하는 알고리즘이 아닌 것은?

① Fussel Algorithm
② Boolean Algorithm
③ Monte Carlo Algorithm
④ Limnios &Ziani Algorithm

033

사용자의 잘못된 조작 또는 실수로 인해 기계의 고장이 발생하지 않도록 설계하는 방법은?

① EMEA   ② HAZOP
③ Fail Safe   ④ Fool Proof

034

다음 중 수공구의 일반적인 설계 원칙과 거리가 먼 것은?

① 손목을 곧게 유지한다.
② 반복적인 손가락 동작을 피한다.
③ 사용이 용이한 검지만을 주로 사용한다.
④ 손잡이는 접촉면적을 가능하면 크게 한다.

035

작업기억(Working Memory)과 관련된 설명으로 옳지 않은 것은?

① 오랜 기간 정보를 기억하는 것이다.
② 작업기억 내의 정보는 시간이 흐름에 따라 쇠퇴할 수 있다.
③ 작업기억의 정보는 일반적으로 시각, 음성, 의미 코드의 3가지로 코드화된다.
④ 리허설(Rehearsal)은 정보를 작업기억 내에 유지하는 유일한 방법이다.

036

전통적인 인간-기계(Man-Machine) 체계의 대표적인 유형과 거리가 먼 것은?

① 수동체계
② 기계화체계
③ 자동체계
④ 인공지능체계

037

조도가 400[lux]인 위치에 놓인 흰색 종이 위에 짙은 회색의 글자가 쓰여 있다. 종이의 반사율은 80[%]이고 글자의 반사율은 40[%]라 할 때 종이와 글자의 대비는 얼마인가?

① $-100[\%]$ ② $-50[\%]$
③ $50[\%]$ ④ $100[\%]$

038

다음 중 인간-기계 시스템에서 기계에 비교한 인간의 장점과 가장 거리가 먼 것은?

① 완전히 새로운 해결책을 찾아낸다.
② 여러 개의 프로그램된 활동을 동시에 수행한다.
③ 다양한 경험을 토대로 하여 의사결정을 한다.
④ 상황에 따라 변화하는 복잡한 자극 형태를 식별한다.

039

세발자전거에서 각 바퀴의 신뢰도가 0.9일 때 이 자전거의 신뢰도는 얼마인가?

① 0.729   ② 0.810
③ 0.891   ④ 0.999

040

다음 중 형상 암호화된 조종장치에서 '이산 멈춤 위치용' 조종장치로 가장 적절한 것은?

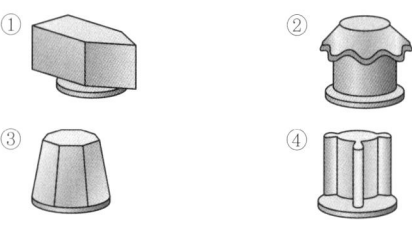

① ② ③ ④

제3과목: 기계 · 기구 및 설비 안전관리

041

상용운전압력 이상으로 압력이 상승할 경우 보일러의 파열을 방지하기 위하여 버너의 연소를 차단하여 열원을 제거함으로써 정상압력으로 유도하는 장치는?

① 압력방출장치
② 고저수위 조절장치
③ 압력제한스위치
④ 통풍제어 스위치

042

다음 중 컨베이어의 안전장치가 아닌 것은?

① 이탈 및 역주행방지장치
② 비상정지장치
③ 덮개 또는 울
④ 비상난간

043

태풍, 지진 등의 천재지변이 발생한 경우나 이상상태 발생 시 기능의 이상 유·무에 대한 안전점검의 종류는?

① 일상점검
② 정기점검
③ 수시점검
④ 특별점검

044

「산업안전보건법령」에 따라 사다리식 통로를 설치하는 경우 준수해야 할 기준으로 틀린 것은?

① 사다리식 통로의 기울기는 60°이하로 할 것
② 발판과 벽과의 사이는 15[cm] 이상의 간격을 유지할 것
③ 사다리의 상단은 걸쳐놓은 지점으로부터 60[cm] 이상 올라가도록 할 것
④ 사다리식 통로의 길이가 10[m] 이상인 경우에는 5[m] 이내마다 계단참을 설치할 것

045

다음 중 프레스에 사용되는 광전자식 방호장치의 일반구조에 관한 설명으로 틀린 것은?

① 방호장치의 감지기능은 규정한 검출영역 전체에 걸쳐 유효하여야 한다.
② 슬라이드 하강 중 정전 또는 방호장치의 이상 시에는 1회 동작 후 정지할 수 있는 구조이어야 한다.
③ 정상동작표시램프는 녹색, 위험표시램프는 붉은색으로 하며, 쉽게 근로자가 볼 수 있는 곳에 설치해야 한다.
④ 방호장치의 정상작동 중에 감지가 이루어지거나 공급전원이 중단되는 경우 적어도 두 개 이상의 독립된 출력신호 개폐장치가 꺼진 상태로 돼야 한다.

046

선반의 크기를 표시하는 것으로 틀린 것은?

① 양쪽 센터 사이의 최대 거리
② 왕복대 위의 스윙
③ 베드 위의 스윙
④ 주축에 물릴 수 있는 공작물의 최대 지름

047

롤러기 조작부의 설치 위치에 따른 급정지장치의 종류에서 손조작식 급정지장치의 설치 위치로 옳은 것은?

① 밑면에서 0.5[m] 이내
② 밑면에서 0.6[m] 이상 1.0[m] 이내
③ 밑면에서 1.8[m] 이내
④ 밑면에서 1.0[m] 이상 2.0[m] 이내

048

지게차의 안전장치에 해당하지 않는 것은?

① 후미등
② 헤드가드
③ 백레스트
④ 권과방지장치

049

다음 중 「산업안전보건법령」상 프레스 등을 사용하여 작업을 할 때의 작업시작 전 점검사항으로 볼 수 없는 것은?

① 압력방출장치의 기능
② 클러치 및 브레이크의 기능
③ 프레스의 금형 및 고정볼트 상태
④ 1행정 1정지기구·급정지장치 및 비상정지장치의 기능

050

「산업안전보건법령」에 따라 아세틸렌–산소 용접기의 아세틸렌 발생기실에 설치해야 할 배기통은 얼마 이상의 단면적을 가져야 하는가?

① 바닥면적의 1/16
② 바닥면적의 1/20
③ 바닥면적의 1/24
④ 바닥면적의 1/30

051

「산업안전보건법령」상 리프트의 종류로 틀린 것은?

① 건설용 리프트
② 자동차정비용 리프트
③ 이삿짐운반용 리프트
④ 간이 리프트

052

공장설비의 배치계획에서 고려할 사항이 아닌 것은?

① 작업의 흐름에 따라 기계 배치
② 기계설비의 주변 공간 최소화
③ 공장 내 안전통로 설정
④ 기계설비의 보수·점검 용이성을 고려한 배치

053

다음 중 취급·운반의 5원칙으로 틀린 것은?

① 연속운반으로 할 것
② 직선운반으로 할 것
③ 운반작업을 집중화시킬 것
④ 생산을 최소로 하는 운반을 생각할 것

054

연삭기에서 숫돌의 바깥지름이 180[mm]라면, 플랜지의 바깥지름은 몇 [mm] 이상이어야 하는가?

① 30
② 36
③ 45
④ 60

055

크레인 작업 시 로프에 1톤의 중량을 걸어 20[m/s²]의 가속도로 감아올릴 때 로프에 걸리는 총 하중[kgf]은 약 얼마인가?

① 1,040.34
② 2,040.53
③ 3,040.82
④ 3,540.91

056

아세틸렌 용접장치를 사용하여 금속의 용접·용단 또는 가열 작업을 하는 경우 게이지 압력 얼마를 초과하는 압력의 아세틸렌을 발생시켜 사용해서는 아니 되는가?

① 85[kPa]
② 107[kPa]
③ 127[kPa]
④ 150[kPa]

057

페일 세이프(Fail Safe) 구조의 기능면에서 설비 및 기계 장치의 일부가 고장이 난 경우 기능의 저하를 가져오더라도 전체 기능은 정지하지 않고 다음 정기 점검 시까지 운전이 가능한 방법은?

① Fail Passive
② Fail Soft
③ Fail Active
④ Fail Operational

058

「산업안전보건법령」에 따른 다음 설명에 해당하는 기계설비는?

> 연장 및 축소가 가능하고 끝단을 건축물 등에 지지하는 구조의 사다리형 붐에 따라 동력을 사용하여 움직이는 운반구를 매달아 화물을 운반하는 설비로서 화물자동차 등 차량 위에 탑재하여 이삿짐 운반 등에 사용하는 것

① 크레인
② 건설작업용 리프트
③ 곤돌라
④ 이삿짐운반용 리프트

059

다음 중 셰이퍼(Shaper)의 크기를 표시하는 것은?

① 램의 행정
② 새들의 크기
③ 테이블의 면적
④ 바이트의 최대 크기

060

「산업안전보건법령」상 위험기계·기구별 방호조치로 가장 적절하지 않은 것은?

① 산업용 로봇 – 안전매트
② 보일러 – 급정지장치
③ 목재가공용 둥근톱기계 – 반발예방장치
④ 산업용 로봇 – 광전자식 방호장치

제4과목: 전기 및 화학설비 안전관리

061

정전용량 10[μF]인 물체에 전압을 1,000[V]로 충전하였을 때 물체가 가지는 정전에너지는 몇 [Joule]인가?

① 0.5
② 5
③ 14
④ 50

062

정전기 제전기의 분류 방식으로 틀린 것은?

① 고전압인가형
② 자기방전형
③ 연X선형
④ 접지형

063

절연체에 발생한 정전기는 일정 장소에 축적되었다가 점차 소멸되는데 처음 값의 몇 [%]로 감소되는 시간을 그 물체의 '시정수' 또는 '완화시간'이라고 하는가?

① 25.8
② 36.8
③ 45.8
④ 67.8

064

다음 중 전기설비의 방폭구조를 나타내는 기호로 틀린 것은?

① 내압방폭구조 : d
② 압력방폭구조 : p
③ 안전증방폭구조 : e
④ 본질안전방폭구조 : s

065

보기는 피뢰설비 등급에 따른 인하도선의 이격거리를 나타낸다. 연결이 틀린 것은?

① I등급: 5[m]
② II등급: 10[m]
③ III등급: 15[m]
④ IV등급: 20[m]

066

다음 중 전기화재의 원인에 관한 설명으로 가장 거리가 먼 것은?

① 단락된 순간의 전류는 정격전류보다 크다.
② 전류에 의해 발생되는 열은 전류의 제곱에 비례하고, 저항에 비례한다.
③ 누전, 접촉불량 등에 의한 전기화재는 배선차단기나 누전차단기로 예방이 가능하다.
④ 전기화재의 발화형태별 원인 중 가장 큰 비율을 차지하는 것은 전기배선의 단락이다.

067

교류아크용접기의 자동전격방지기는 용접기의 주회로를 제어하는 장치를 가지고 있어, 용접봉의 조작에 따라 용접할 때에만 용접기의 주회로를 형성하고, 그 외에는 용접기의 출력측의 무부하 전압을 얼마 이하로 저하시키도록 동작하는 장치를 말하는가?

① 15[V]
② 25[V]
③ 30[V]
④ 50[V]

068

「산업안전보건법령」상 다음 내용에 해당하는 분진폭발 위험장소는?

> 20종 장소 외의 장소로서 분진운 형태의 가연성 분진이 폭발농도를 형성할 정도의 충분한 양이 정상작동 중에 존재할 수 있는 장소

① 0종 장소
② 1종 장소
③ 21종 장소
④ 22종 장소

069

다음 중 전압의 분류가 잘못된 것은?

① 1,000[V] 이하인 교류전압: 저압
② 1,500[V] 이하인 직류전압: 저압
③ 1,000[V] 초과 7[kV] 이하인 교류전압: 고압
④ 10[kV]를 초과하는 직류전압: 특고압

070

파이프 등에 유체가 흐를 때 발생하는 유동대전에 가장 큰 영향을 미치는 요인은?

① 유체의 이동거리
② 유체의 점도
③ 유체의 속도
④ 유체의 양

071

다음 중 증류탑의 일상점검 항목으로 볼 수 없는 것은?

① 도장의 상태
② 트레이(Tray)의 부식상태
③ 보온재, 보냉재의 파손 여부
④ 접속부, 맨홀부 및 용접부에서의 외부 누출 유무

072

다음 중 「산업안전보건법령」상 위험물의 종류에서 인화성 가스에 해당하지 않는 것은?

① 수소
② 질산에스테르
③ 아세틸렌
④ 메탄

073

다음 중 유해·위험물질이 유출되는 사고가 발생했을 때의 대처요령으로 적절하지 않은 것은?

① 중화 또는 희석을 시킨다.
② 안전한 장소일 경우 소각시킨다.
③ 유출부분을 억제 또는 폐쇄시킨다.
④ 유출된 지역의 인원을 대피시킨다.

074

응상폭발에 해당되지 않는 것은?

① 수증기폭발
② 전선폭발
③ 증기폭발
④ 분진폭발

075

「산업안전보건법」상 물질안전보건자료 작성 시 포함되어야 하는 항목이 아닌 것은?(단, 참고사항은 제외한다.)

① 화학제품과 회사에 관한 정보
② 제조일자 및 유효기간
③ 운송에 필요한 정보
④ 환경에 미치는 영향

076

환풍기가 고장난 장소에서 인화성 액체를 취급하는 과정에서 부주의로 마개를 막지 않았다. 이 장소에서 작업자가 담배를 피우기 위해 불을 켜는 순간 인화성 액체에서 불꽃이 일어나는 사고가 발생하였다면 다음 중 이와 같은 사고의 발생 가능성이 가장 높은 물질은?

① 아세트산
② 등유
③ 에틸에테르
④ 경유

077

다음 중 화학장치에서 반응기의 유해·위험요인(Hazard)으로 화학반응이 있을 때 특히 유의해야 할 사항은?

① 낙하, 절단
② 감전, 협착
③ 비래, 붕괴
④ 반응폭주, 과압

078

다음 중 최소발화에너지에 관한 설명으로 틀린 것은?

① 압력이 상승하면 작아진다.
② 온도가 상승하면 작아진다.
③ 산소농도가 높아지면 작아진다.
④ 유체의 유속이 높아지면 작아진다.

079

물과 접촉할 경우 화재나 폭발의 위험성이 더욱 증가하는 것은?

① 칼륨
② 트리니트로톨루엔
③ 황린
④ 니트로셀룰로오스

080

다음 중 충분히 높은 온도에서 혼합물(연료와 공기)이 점화원 없이 발화 또는 폭발을 일으키는 최저온도를 무엇이라 하는가?

① 착화점
② 연소점
③ 용융점
④ 인화점

제5과목: 건설공사 안전관리

081

안전난간은 구조적으로 가장 취약한 지점에서 가장 취약한 방향으로 작용하는 최소 얼마 이상의 하중에 견딜 수 있는 구조이어야 하는가?

① 100[kg]
② 150[kg]
③ 200[kg]
④ 250[kg]

082

재료비가 30억 원, 직접노무비가 50억 원인 건설공사의 예정 가격상 산업안전보건관리비로 옳은 것은?(단, 건축공사에 해당되며 계상기준은 1.97[%]이다.)

① 56,400,000원
② 94,000,000원
③ 150,400,000원
④ 157,600,000원

083

건설업 산업안전보건관리비 계상 및 사용기준을 적용하는 공사금액 기준으로 옳은 것은?

① 총 공사금액 2천만 원 이상인 공사
② 총 공사금액 4천만 원 이상인 공사
③ 총 공사금액 6천만 원 이상인 공사
④ 총 공사금액 1억 원 이상인 공사

084

건설장비 크레인의 해지장치란?

① 중량초과 시 부저(Buzzer)가 울리는 장치이다.
② 와이어로프의 혹 이탈방지장치이다.
③ 일정거리 이상을 권상하지 못하도록 제한시키는 장치이다.
④ 크레인 자체에 이상이 있을 때 운전자에게 알려주는 신호장치이다.

085

동바리로 사용하는 파이프서포트에 대한 준수사항과 가장 거리가 먼 것은?

① 파이프서포트는 3개 이상 이어서 사용하지 않도록 할 것
② 파이프서포트를 이어서 사용하는 경우에는 4개 이상의 볼트 또는 전용철물을 사용하여 이을 것
③ 높이가 3.5[m]를 초과하는 경우에는 높이 2[m] 이내마다 수평연결재를 2개 방향으로 만들 것
④ 파이프서포트 사이에 교차가새를 설치하여 보강 조치할 것

086

추락방지를 위한 추락방호망 설치기준으로 옳지 않은 것은?

① 작업면으로부터 망의 설치지점까지의 수직거리는 10[m]를 초과하지 않도록 한다.

② 추락방호망은 수평으로 설치한다.

③ 망의 처짐은 짧은 변 길이의 10[%] 이하가 되도록 한다.

④ 건축물 등의 바깥쪽으로 설치하는 경우 망의 내민 길이는 벽면으로부터 3[m] 이상이 되도록 한다.

087

옹벽 축조를 위한 굴착작업에 관한 설명으로 옳지 않은 것은?

① 수평 방향으로 연속적으로 시공한다.

② 하나의 구간을 굴착하면 방치하지 말고 기초 및 본체구조물 축조를 마무리 한다.

③ 절취경사면에 전석, 낙석의 우려가 있고 혹은 장기간 방치할 경우에는 숏크리트, 록볼트, 캔버스 및 모르터 등으로 방호한다.

④ 작업위치 좌우에 만일의 경우에 대비한 대피통로를 확보하여 둔다.

088

다음 건설기계 중 360° 회전작업이 불가능한 것은?

① 타워크레인
② 크롤러크레인
③ 가이데릭
④ 삼각데릭

089

콘크리트 슬럼프 시험방법에 대한 설명 중 옳지 않은 것은?

① 슬럼프 시험기구는 강제평판, 슬럼프 테스트 콘, 다짐막대, 측정기기로 이루어진다.

② 콘크리트 타설 시 작업의 용이성을 판단하는 방법이다.

③ 슬럼프 콘에 비빈 콘크리트를 같은 양의 3층으로 나누어 25회씩 다지면서 채운다.

④ 슬럼프는 슬럼프콘을 들어 올려 강제평판으로부터 콘크리트가 무너져 내려앉은 높이까지의 거리를 [mm]로 표시한 것이다.

090

가설구조물의 특징이 아닌 것은?

① 연결재가 적은 구조로 되기 쉽다.

② 부재결합이 불완전 할 수 있다.

③ 영구적인 구조설계의 개념이 확실하게 적용된다.

④ 단면에 결함이 있기 쉽다.

091

터널작업 중 낙반 등에 의한 위험방지를 위해 취할 수 있는 조치사항이 아닌 것은?

① 터널지보공 설치
② 록볼트 설치
③ 부석의 제거
④ 산소의 측정

092

건설현장에서 사용하는 공구 중 토공용이 아닌 것은?

① 착암기
② 포장 파괴기
③ 연마기
④ 점토 굴착기

093

운반작업 중 요통을 일으키는 인자와 가장 거리가 먼 것은?

① 물건의 중량
② 작업 자세
③ 작업 시간
④ 물건의 표면마감 종류

094

아스팔트 포장도로의 노반의 파쇄 또는 토사 중에 있는 암석 제거에 가장 적당한 장비는?

① 스크레이퍼　　　　② 롤러
③ 리퍼　　　　　　　④ 드래그라인

095

높이 2[m]를 초과하는 말비계를 조립하여 사용하는 경우 작업발판의 최소 폭 기준으로 옳은 것은?

① 20[cm] 이상　　　② 30[cm] 이상
③ 40[cm] 이상　　　④ 50[cm] 이상

096

현장에서 가설통로의 설치 시 준수사항으로 옳지 않은 것은?

① 건설공사에 사용하는 높이 8[m] 이상인 비계다리에는 10[m] 이내마다 계단참을 설치할 것
② 수직갱에 가설된 통로의 길이가 15[m] 이상인 경우에는 10[m] 이내마다 계단참을 설치할 것
③ 경사가 15°를 초과하는 경우에는 미끄러지지 아니하는 구조로 할 것
④ 경사는 30° 이하로 할 것

097

부두, 안벽 등 하역작업을 하는 장소에 대하여 부두 또는 안벽의 선을 따라 통로를 설치할 때 통로의 최소 폭은?

① 70[cm]　　　　　② 80[cm]
③ 90[cm]　　　　　④ 100[cm]

098

철골보 인양작업 시의 준수사항으로 옳지 않은 것은?

① 선회와 인양작업은 가능한 동시에 이루어지도록 한다.
② 인양용 와이어로프의 각도는 양변 60° 정도가 되도록 한다.
③ 유도로프로 방향을 잡으며 이동시킨다.
④ 철골보의 와이어로프 체결지점은 부재의 1/3 지점을 기준으로 한다.

099

건설공사 유해위험방지계획서 제출 시 공통적으로 제출하여야 할 첨부서류가 아닌 것은?

① 공사개요서
② 전체 공정표
③ 산업안전보건관리비 사용계획서
④ 가설도로계획서

100

일반적인 안전수칙에 따른 수공구와 관련된 행동으로 옳지 않은 것은?

① 작업에 맞는 공구의 선택과 올바른 취급을 하여야 한다.
② 결함이 없는 완전한 공구를 사용하여야 한다.
③ 작업 중인 공구는 작업이 편리한 반경 내의 작업대나 기계 위에 올려놓고 사용하여야 한다.
④ 공구는 사용 후 안전한 장소에 보관하여야 한다.

실전 모의고사 3회

정답과 해설 P.15

자동 채점

제1과목: 산업재해 예방 및 안전보건교육

001

다음 중 일반적인 안전관리조직의 기본 유형으로 볼 수 없는 것은?

① Line System
② Staff System
③ Safety System
④ Line-Staff System

002

다음 중 안전태도교육의 원칙으로 적절하지 않은 것은?

① 적성배치를 한다.
② 이해하고 납득시킨다.
③ 항상 모범을 보인다.
④ 지적과 처벌 위주로 한다.

003

부하직원에게 권한을 주고, 의사결정을 하거나 문제를 해결할 때 리더 개인의 통찰력보다 팀의 통찰력을 존중하는 리더십의 유형은 무엇인가?

① 권위적 리더십
② 민주적 리더십
③ 위임형 리더십
④ 자유방임적 리더십

004

교육의 기본 3요소에 해당하지 않는 것은?

① 교육의 형태
② 교육의 주체
③ 교육의 객체
④ 교육의 매개체

005

다음 중 매슬로우의 욕구위계 5단계 이론을 올바르게 나열한 것은?

① 생리적 욕구 → 사회적 욕구 → 안전의 욕구 → 존경의 욕구 → 자아실현의 욕구
② 안전의 욕구 → 생리적 욕구 → 사회적 욕구 → 존경의 욕구 → 자아실현의 욕구
③ 생리적 욕구 → 안전의 욕구 → 사회적 욕구 → 존경의 욕구 → 자아실현의 욕구
④ 사회적 욕구 → 생리적 욕구 → 안전의 욕구 → 자아실현의 욕구 → 존경의 욕구

006

안전교육의 방법 중 TWI(Training Within Industry)의 교육내용에 해당하지 않는 것은?

① 작업지도훈련(JIT)
② 작업방법훈련(JMT)
③ 작업환경 개선훈련(JET)
④ 인간관계훈련(JRT)

007

기능(기술)교육의 진행방법 중 하버드 학파의 5단계 교수법의 순서로 옳은 것은?

① 준비 → 연합 → 교시 → 응용 → 총괄
② 준비 → 교시 → 연합 → 총괄 → 응용
③ 준비 → 총괄 → 연합 → 응용 → 교시
④ 준비 → 응용 → 총괄 → 교시 → 연합

008

「산업안전보건법령」상 근로자 안전보건교육에 있어 채용 시의 교육 및 작업내용 변경 시의 교육내용에 포함되지 않는 것은?(단, 「산업안전보건법」 및 일반관리에 관한 사항은 제외한다.)

① 물질안전보건자료에 관한 사항
② 사고발생 시 긴급조치에 관한 사항
③ 작업 개시 전 점검에 관한 사항
④ 표준안전작업방법 결정 및 지도·감독 요령에 관한 사항

009

적응기제(Adjustment Mechanism)의 형태 중 방어적 기제에 해당하는 것은?

① 고립(Isolation)
② 퇴행(Regression)
③ 억압(Suppression)
④ 합리화(Rationalization)

010

다음 중 안전교육의 4단계를 올바르게 나열한 것은?

① 도입 → 제시 → 적용 → 확인
② 도입 → 확인 → 제시 → 적용
③ 확인 → 제시 → 도입 → 적용
④ 제시 → 확인 → 도입 → 적용

011

다음 중 리더가 가지고 있는 세력의 유형이 아닌 것은?

① 전문세력(Expert Power)
② 보상세력(Reward Power)
③ 위임세력(Entrust Power)
④ 합법세력(Legitimate Power)

012

다음 중 재해예방의 4원칙에 해당되지 않는 것은?

① 대책선정의 원칙
② 손실우연의 원칙
③ 통계방법의 원칙
④ 예방가능의 원칙

013

「보호구 안전인증 고시」에 있어 다음 설명에 해당하는 부품의 명칭으로 옳은 것은?

머리받침끈, 머리고정대 및 머리받침고리로 구성되어 추락 및 감전 위험방지용 안전모 머리부분에 고정시켜 주며, 안전모에 충격이 가해졌을 때 착용자의 머리부위에 전해지는 충격을 완화시켜주는 기능을 갖는 부품

① 챙
② 착장체
③ 모체
④ 충격흡수재

014

상황성 누발자의 재해유발원인과 거리가 먼 것은?

① 작업의 어려움
② 기계설비의 결함
③ 심신의 근심
④ 주의력의 산만

015

다음 중 허즈버그의 2요인 이론에 있어 직무만족에 의한 생산능력의 증대를 가져올 수 있는 동기부여 요인은?

① 작업조건
② 정책 및 관리
③ 대인관계
④ 성취에 대한 인정

016

다음 중 안전점검의 목적과 가장 거리가 먼 것은?

① 기기 및 설비의 결함 제거로 사전 안전성 확보
② 인적 측면에서의 안전한 행동 유지
③ 기기 및 설비의 본래 성능 유지
④ 생산제품의 품질관리

017

학습 성취에 직접적인 영향을 미치는 요인과 가장 거리가 먼 것은?

① 동기유발
② 준비도
③ 개인차
④ 적성

018

다음 중 하인리히의 도미노 이론에서 사고의 직접원인이 되는 것은?

① 통제의 부족
② 유전과 환경적 영향
③ 불안전한 행동과 상태
④ 관리 구조의 부적절

019

교육훈련 기법 중 Off JT의 장점에 해당되지 않는 것은?

① 우수한 전문가를 강사로 활용할 수 있다.
② 특별교재, 교구, 설비를 유효하게 활용할 수 있다.
③ 다수의 근로자에게 조직적 훈련이 가능하다.
④ 직장의 실정에 맞는 실제적인 교육이 가능하다.

020

「산업안전보건법령」상 근로자 안전보건교육 대상과 교육시간으로 옳은 것은?

① 정기교육인 경우: 사무직 종사근로자 – 매반기 6시간 이상
② 정기교육인 경우: 판매업무에 직접 종사하는 근로자 – 매반기 3시간 이상
③ 채용 시 교육인 경우: 일용근로자 – 4시간 이상
④ 작업내용 변경 시 교육인 경우: 일용근로자 및 근로계약기간이 1주일 이하인 기간제근로자 – 2시간 이상

제2과목: 인간공학 및 위험성평가 · 관리

021

다음 중 인체계측에 관한 설명으로 틀린 것은?

① 의자, 피복과 같이 신체모양과 치수와 관련성이 높은 설비의 설계에 중요하게 반영된다.
② 일반적으로 몸의 측정 치수는 구조적 치수(Structural Dimension)와 기능적 치수(Functional Dimension)로 나눌 수 있다.
③ 인체계측치의 활용 시에는 문화적 차이를 고려하여야 한다.
④ 인체계측치를 활용한 설계는 인간의 안락에는 영향을 미치지만 성능 수행과는 관련성이 없다.

022

다음 중 인간공학에 관련된 설명으로 옳지 않은 것은?

① 인간의 특성과 한계점을 고려하여 제품을 변경한다.
② 생산성을 높이기 위해 인간의 특성을 작업에 맞추는 것이다.
③ 사고를 방지하고 안전성·능률성을 높일 수 있다.
④ 편리성·쾌적성·효율성을 높일 수 있다.

023

표시 값의 변화 방향이나 변화 속도를 나타내어 전반적인 추이의 변화를 관측할 필요가 있는 경우에 가장 적합한 표시장치 유형은?

① 계수형(Digital)
② 묘사형(Descriptive)
③ 동목형(Moving Scale)
④ 동침형(Moving Pointer)

024

설비보전 방식의 유형 중 궁극적으로는 설비의 설계, 제작 단계에서 보전 활동이 불필요한 체계를 목표로 하는 것은?

① 개량보전
② 수명보전
③ 사후보전
④ 보전예방

025

음압의 세기인 데시벨[dB]을 측정할 때 기준 음압의 주파수는?

① 10[Hz]
② 100[Hz]
③ 1,000[Hz]
④ 10,000[Hz]

026

다음 중 작업방법의 개선원칙(ECRS)에 해당하지 않는 것은?

① 결합(Combine)　　② 교육(Education)
③ 재배치(Rearrange)　　④ 단순화(Simplify)

027

정적자세 유지 시, 진전(Tremor)을 감소시킬 수 있는 방법으로 틀린 것은?

① 시각적인 참조가 있도록 한다.
② 손이 심장 높이에 있도록 유지한다.
③ 작업대상물에 기계적 마찰이 있도록 한다.
④ 손을 떨지 않으려고 힘을 주어 노력한다.

028

FT도 작성에서 사용되는 기호 중 '시스템의 정상적인 가동상태에서 일어날 것이 기대되는 사상'을 나타내는 것은?

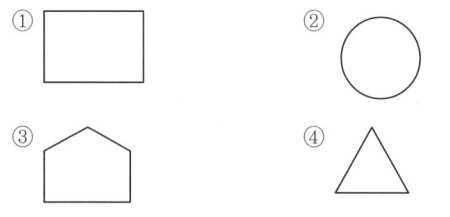

029

작업자의 작업공간과 관련된 내용으로 옳지 않은 것은?

① 서서 작업하는 작업공간에서 발바닥을 높이면 뻗침길이가 늘어난다.
② 서서 작업하는 작업공간에서 신체의 균형에 제한을 받으면 뻗침길이가 늘어난다.
③ 앉아서 작업하는 작업공간은 동적 팔뻗침에 의해 포락면(Reach Envelope)의 한계가 결정된다.
④ 앉아서 작업하는 작업공간에서 기능적 팔뻗침에 영향을 주는 제약이 적을수록 뻗침길이가 늘어난다.

030

반경 7[cm]의 조종구를 30° 움직일 때 계기판의 표시가 3[cm] 이동하였다. 이 조정장치의 C/R비는 약 얼마인가?

① 0.22　　② 0.38
③ 1.22　　④ 1.83

031

다음 중 결함수분석법에 관한 설명으로 틀린 것은?

① 잠재위험을 효율적으로 분석한다.
② 연역적 방법으로 원인을 규명한다.
③ 복잡하고 대형화된 시스템의 분석에 사용한다.
④ 정성적 평가보다 정량적 평가를 먼저 실시한다.

032

다음 중 눈의 구조 가운데 기능 결함이 발생할 경우 색맹 또는 색약이 되는 세포는?

① 간상세포　　② 원추세포
③ 수평세포　　④ 양극세포

033

자동차나 항공기의 앞유리 혹은 차양판 등에 정보를 중첩 투사하는 표시장치는?

① CRT　　② LCD
③ HUD　　④ LED

034

조종장치의 촉각적 암호화를 위하여 고려하는 특성으로 볼 수 없는 것은?

① 형상　　② 무게
③ 크기　　④ 표면 촉감

035

6개의 표시장치를 수평으로 배열할 경우 해당 제어장치를 각각의 그 아래에 배치하면 좋아지는 양립성의 종류는?

① 공간 양립성　　② 운동 양립성
③ 개념 양립성　　④ 양식 양립성

036

다음 중 체계분석 및 설계에 있어서의 인간공학적 노력의 효능을 산정하는 척도의 기준에 포함되지 않는 것은?

① 성능의 향상
② 훈련비용의 증가
③ 인력 이용률의 향상
④ 생산 및 보전의 경제성 향상

037

다음 중 예비위험분석(PHA)에 대한 설명으로 가장 적합한 것은?

① 관련된 과거 안전점검결과의 조사에 적절하다.
② 안전 관련 법규 조항의 준수를 위한 조사방법이다.
③ 시스템 고유의 위험성을 파악하고 예상되는 재해의 위험 수준을 결정한다.
④ 초기의 단계에서 시스템 내의 위험요소가 어떠한 위험상태에 있는가를 정성적으로 평가하는 것이다.

038

위팔은 자연스럽게 수직으로 늘어뜨린 채, 아래팔만을 편하게 뻗어 작업할 수 있는 범위는?

① 최소작업영역
② 최대작업영역
③ 정상작업영역
④ 작업포락면

039

FTA에 의한 재해사례 연구의 순서를 올바르게 나열한 것은?

| A. 목표사상 선정 | B. FT도 작성 |
| C. 사상마다 재해원인 규명 | D. 개선계획 작성 |

① A → B → C → D
② A → C → B → D
③ B → C → A → D
④ B → A → C → D

040

광원으로부터의 직사휘광을 줄이기 위한 방법으로 적절하지 않은 것은?

① 휘광원 주위를 어둡게 한다.
② 가리개, 갓, 차양 등을 사용한다.
③ 광원을 시선에서 멀리 위치시킨다.
④ 광원의 수는 늘리고 휘도는 줄인다.

제3과목: 기계·기구 및 설비 안전관리

041

기계설비의 안전조건 중 구조의 안전화에 대한 설명으로 가장 거리가 먼 것은?

① 기계재료의 선정 시 재료 자체에 결함이 없는지 철저히 확인한다.
② 사용 중 재료의 강도가 열화될 것을 감안하여 설계 시 안전율을 고려한다.
③ 기계작동 시 기계의 오동작을 방지하기 위하여 오동작 방지 회로를 적용한다.
④ 가공 경화와 같은 가공결함이 생길 우려가 있는 경우는 열처리 등으로 결함을 방지한다.

042

기계설비의 안전조건 중 외관의 안전성을 향상시키는 조치에 해당하는 것은?

① 전압강하·정전 시의 오동작을 방지하기 위하여 자동제어장치를 설치하였다.
② 고장 발생을 최소화하기 위해 정기점검을 실시하였다.
③ 강도의 열화를 생각하여 안전율을 최대로 고려하여 설계하였다.
④ 작업자가 접촉할 우려가 있는 기계의 회전부는 덮개로 씌우고 안전색채를 적용하였다.

043

다음 중 위험한 작업점에 대한 격리형 방호장치와 가장 거리가 먼 것은?

① 울타리
② 덮개형 방호장치
③ 포집형 방호장치
④ 완전차단형 방호장치

044

지난 한 해 동안 산업재해로 인하여 직접손실비용이 3조 1,600억 원이 발생한 경우의 총 재해코스트는?(단, 하인리히의 재해손실비 평가방식을 적용한다.)

① 6조 3,200억 원
② 9조 4,800억 원
③ 12조 6,400억 원
④ 15조 8,000억 원

045

「산업안전보건법령」상 건설현장에서 사용하는 크레인, 리프트 및 곤돌라의 안전검사의 주기로 옳은 것은?(단, 이동식 크레인, 이삿짐 운반용 리프트는 제외한다.)

① 최초로 설치한 날부터 6개월마다
② 최초로 설치한 날부터 1년마다
③ 최초로 설치한 날부터 2년마다
④ 최초로 설치한 날부터 3년마다

046

금형의 안전화에 대한 설명 중 틀린 것은?

① 금형의 틈새는 8[mm] 이상 충분하게 확보한다.
② 금형 사이에 신체일부가 들어가지 않도록 한다.
③ 충격이 반복되어 부가되는 부분에는 완충장치를 설치한다.
④ 금형설치용 홈은 설치된 프레스의 홈에 적합한 현상의 것으로 한다.

047

기계의 안전을 확보하기 위해서는 안전율을 고려하여야 하는데 다음 중 이에 관한 설명으로 틀린 것은?

① 극한강도와 허용응력과의 비를 안전율이라 한다.
② 안전율 계산에 사용되는 여유율은 연성재료에 비하여 취성재료를 크게 잡는다.
③ 안전율은 크면 클수록 안전하므로 안전율이 높은 기계는 우수한 기계라 할 수 있다.
④ 재료의 균질성, 응력계산의 정확성, 응력의 분포 등 각종 인자를 고려한 경험적 안전율도 사용된다.

048

양수조작식 방호장치의 누름버튼에서 손을 떼는 순간부터 급정지기구가 작동하여 슬라이드가 정지할 때까지의 시간이 0.2초 걸린다면, 양수조작식 방호장치의 안전거리는 최소한 몇 [mm] 이상이어야 하는가?

① 160
② 320
③ 480
④ 560

049

「산업안전보건법령」상 회전 중인 연삭숫돌 지름이 최소 얼마 이상인 경우로서 근로자에게 위험을 미칠 우려가 있는 경우 해당 부위에 덮개를 설치하여야 하는가?

① 3[cm] 이상
② 5[cm] 이상
③ 10[cm] 이상
④ 20[cm] 이상

050

롤러기에서 가드의 개구부와 위험점 간의 거리가 200[mm]이면 개구부 간격은 얼마이어야 하는가?(단, 위험점이 전동체이다.)

① 30[mm]
② 26[mm]
③ 36[mm]
④ 20[mm]

051

「산업안전보건법령」상 로봇의 작동 범위에서 그 로봇에 관하여 교시 등의 작업을 할 때 작업시작 전 점검사항에 해당하지 않는 것은?

① 제동장치 및 비상정지장치의 기능
② 외부전선의 피복 또는 외장의 손상 유무
③ 매니퓰레이터(Manipulator) 작동의 이상 유무
④ 주행로의 상측 트롤리(Trolley)가 횡행하는 레일의 상태

052

50인의 상시 근로자를 가지고 있는 어느 사업장이 1년간 3건의 부상자를 내고 그 휴업일수가 219일이라면 강도율은?

① 1.37
② 1.50
③ 1.86
④ 2.21

053

다음 중 접근반응형 방호장치에 해당되는 것은?

① 양수조작식 방호장치
② 손쳐내기식 방호장치
③ 덮개식 방호장치
④ 광전자식 방호장치

054

근로자에게 위험을 미칠 우려가 있는 원동기, 축이음, 풀리 등에 설치하여야 하는 것은?

① 덮개
② 압력계
③ 통풍장치
④ 과압방지기

055

프레스 및 전단기에서 양수조작식 방호장치 누름버튼의 상호간 최소 내측거리로 옳은 것은?

① 100[mm]
② 150[mm]
③ 250[mm]
④ 300[mm]

056

다음 중 밀링작업 시 안전수칙으로 옳지 않은 것은?

① 테이블 위에 공구나 기타 물건 등을 올려놓지 않는다.
② 제품 치수를 측정할 때는 절삭 공구의 회전을 정지한다.
③ 강력 절삭을 할 때는 일감을 바이스에 얕게 물린다.
④ 상하 좌우 이송장치의 핸들은 사용 후 풀어 둔다.

057

다음 중 연삭기 작업 시 안전상의 유의사항으로 옳지 않은 것은?

① 연삭숫돌을 교체할 때에는 1분 이내로 시운전하고 이상 여부를 확인한다.
② 연삭숫돌의 최고사용 원주속도를 초과해서 사용하지 않는다.
③ 탁상용 연삭기에는 작업받침대와 조정편을 설치한다.
④ 탁상용 연삭기의 경우 덮개의 노출각도는 125°를 넘지 않아야 한다.

058

다음 중 「산업안전보건법」상 크레인의 방호장치에 해당하지 않는 것은?

① 권과방지장치
② 주위감시장치
③ 비상정지장치
④ 과부하방지장치

059

프레스의 양수조작식 방호장치에서 양쪽버튼의 작동시간 차이는 최대 얼마 이내일 때 프레스가 동작되도록 해야 하는가?

① 0.1초
② 0.5초
③ 1.0초
④ 1.5초

060

가드(Guard)의 종류가 아닌 것은?

① 고정식   ② 조정식
③ 자동식   ④ 반자동식

제4과목: 전기 및 화학설비 안전관리

061

정전기로 인한 재해를 방지하기 위한 조치 중 전기가 통하지 않는 부도체 물질에 적합하지 않은 조치는?

① 가습을 시킨다.
② 접지를 실시한다.
③ 도전성을 부여한다.
④ 자기방전식 제전기를 설치한다.

062

전기기계·기구의 조작 부분을 점검하거나 보수하는 경우에는 근로자가 안전하게 작업할 수 있도록 전기기계·기구로부터 최소 몇 [cm] 이상의 작업공간 폭을 확보하여야 하는가?(단, 작업공간을 확보하는 것이 곤란하여 절연용 보호구를 착용하도록 한 경우는 제외한다.)

① 60[cm]   ② 70[cm]
③ 80[cm]   ④ 90[cm]

063

과전류차단기로 시설하는 퓨즈 중 고압전로에 사용하는 포장 퓨즈는 정격전류의 몇 배를 견딜 수 있어야 하는가?

① 1.1배   ② 1.3배
③ 1.6배   ④ 2.0배

064

감전에 의한 전격위험을 결정하는 주된 인자와 거리가 먼 것은?

① 통전저항   ② 통전전류의 크기
③ 통전경로   ④ 통전시간

065

다음 중 누전차단기의 설치 환경조건에 관한 설명으로 틀린 것은?

① 전원전압은 정격전압의 85~110[%] 범위로 한다.
② 설치장소가 직사광선을 받을 경우 차폐시설을 설치한다.
③ 정격부동작전류가 정격감도전류의 30[%] 이상이어야 하고 이들의 차가 가능한 큰 것이 좋다.
④ 정격전부하전류가 30[A]인 이동형 전기기계·기구에 접속되어 있는 경우 일반적으로 정격감도전류는 30[mA] 이하인 것을 사용한다.

066

방폭구조 전기기계·기구의 선정기준에 있어 가스폭발 위험 장소의 1종 장소에 사용할 수 없는 방폭구조는?

① 내압방폭구조   ② 안전증방폭구조
③ 본질안전방폭구조   ④ 비점화방폭구조

067

정전기 발생량과 관련된 내용으로 옳지 않은 것은?

① 분리속도가 빠를수록 정전기량이 많아진다.
② 두 물질 간의 대전서열이 가까울수록 정전기의 발생량이 많다.
③ 접촉면적이 넓을수록, 접촉압력이 증가할수록 정전기 발생량이 많아진다.
④ 물질의 표면이 기름 등에 오염되어 있으면 정전기 발생량이 많아진다.

068

작업장에서는 근로자의 감전위험을 방지하기 위하여 필요한 조치를 하여야 한다. 옳지 않은 것은?

① 작업장 통행 등으로 인하여 접촉하거나 접촉할 우려가 있는 배선 또는 이동전선에 대하여서는 절연피복이 손상되거나 노화된 경우에는 교체하여 사용하는 것이 바람직하다.

② 전선을 서로 접속하는 때에는 해당 전선의 절연성능 이상으로 절연될 수 있는 것으로 충분히 피복하거나 적합한 접속기구를 사용하여야 한다.

③ 물 등 도전성이 높은 액체가 있는 습윤한 장소에서 근로자의 통행 등으로 인하여 접촉할 우려가 있는 이동전선 및 이에 부속하는 접속기구는 그 도전성이 높은 액체에 대하여 충분한 절연효과가 있는 것을 사용하여야 한다.

④ 차량, 기타 물체의 통과 등으로 인하여 전선의 절연피복이 손상될 우려가 없더라도 통로 바닥에 전선 또는 이동전선을 설치하여 사용하여서는 아니 된다.

069

다음 중 전류밀도, 통전전류, 접촉면적과 피부저항의 관계를 설명한 것으로 옳은 것은?

① 전류밀도와 통전전류는 반비례 관계이다.

② 통전전류와 접촉면적에 관계없이 피부저항은 항상 일정하다.

③ 같은 크기의 통전전류가 흘러도 접촉면적이 커지면 전류밀도는 커진다.

④ 같은 크기의 통전전류가 흘러도 접촉면적이 커지면 피부저항은 작게 된다.

070

저압전선로 중 절연부분의 전선과 대지 간 및 전선의 심선 상호 간의 절연저항은 사용전압에 대한 누설전류가 최대 공급전류의 얼마를 넘지 않아야 하는가?

① 1/1,000   ② 1/1,500
③ 1/2,000   ④ 1/2,500

071

다음 중 분해 폭발하는 가스의 폭발방지를 위하여 첨가하는 불활성 가스로 가장 적합한 것은?

① 산소   ② 질소
③ 수소   ④ 프로판

072

휘발유를 저장하던 이동저장탱크에 등유나 경유를 이동저장탱크의 밑 부분부터 주입할 때에 액표면의 높이가 주입관의 선단의 높이를 넘을 때까지 주입속도는 몇 [m/s] 이하로 하여야 하는가?

① 0.5   ② 1.0
③ 1.5   ④ 2.0

073

이산화탄소소화기에 관한 설명으로 옳지 않은 것은?

① 전기화재에 사용할 수 있다.
② 주된 소화 작용은 질식작용이다.
③ 소화약제 자체 압력으로 방출이 가능하다.
④ 전기전도성이 높아 사용 시 감전에 유의해야 한다.

074

다음 중 공정안전보고서에 관한 설명으로 틀린 것은?

① 사업주가 공정안전보고서를 작성한 후에는 별도의 심의 과정이 없다.

② 공정안전보고서를 제출한 사업주는 정하는 바에 따라 고용노동부장관의 확인을 받아야 한다.

③ 고용노동부장관은 공정안전보고서의 이행 상태를 평가하고 그 결과에 따라 공정안전보고서를 다시 제출하도록 명할 수 있다.

④ 고용노동부장관은 공정안전보고서를 심사한 후 필요하다고 인정하는 경우에는 그 공정안전보고서의 변경을 명할 수 있다.

075

다음 중 폭굉 유도거리에 대한 설명으로 틀린 것은?

① 압력이 높을수록 짧다.
② 점화원의 에너지가 강할수록 짧다.
③ 정상연소속도가 큰 혼합가스일수록 짧다.
④ 관 속에 방해물이 없거나 관의 지름이 클수록 짧다.

076

공정별로 폭발을 분류할 때 물리적 폭발이 아닌 것은?

① 분해폭발
② 탱크의 감압폭발
③ 수증기 폭발
④ 고압용기의 폭발

077

LPG에 대한 설명으로 옳지 않은 것은?

① 강한 독성 가스로 분류된다.
② 질식의 우려가 있다.
③ 누설 시 인화, 폭발성이 있다.
④ 가스의 비중은 공기보다 크다.

078

공기 중 반응성이 높아 반드시 석유, 경유 등의 보호액에 저장해야 하는 것은?

① Ca
② P_4
③ K
④ S

079

25[℃], 1기압에서 공기 중 벤젠(C_6H_6)의 허용농도가 10[ppm]일 때 이를 [mg/m³]의 단위로 환산하면 약 얼마인가?(단, C, H의 원자량은 각각 12, 1이다.)

① 28.7
② 31.9
③ 34.8
④ 45.9

080

다음 중 점화원에 해당하지 않는 것은?

① 기화열
② 충격마찰
③ 복사열
④ 고온물질표면

제5과목: 건설공사 안전관리

081

포화도 80[%], 함수비 28[%], 흙 입자의 비중 2.7일 때 공극비를 구하면?

① 0.940
② 0.945
③ 0.950
④ 0.955

082

「산업안전보건법령」에서는 터널건설작업을 하는 경우에 해당 터널 내부의 화기와 아크를 사용하는 장소에는 필히 무엇을 설치하도록 규정하고 있는가?

① 소화설비
② 대피설비
③ 충전설비
④ 차단설비

083

거푸집에 작용하는 하중 중에서 연직하중이 아닌 것은?

① 거푸집의 자중
② 작업원의 작업하중
③ 가설설비의 충격하중
④ 콘크리트의 측압

084

다음 터널 공법 중 전단면 기계 굴착에 의한 공법에 속하는 것은?

① ASSM(American Steel Support Method)
② NATM(New Austrian Tunneling Method)
③ TBM(Tunnel Boring Machine)
④ 개착식 공법

085

콘크리트 타설 시 안전수칙으로 옳지 않은 것은?

① 콘크리트 콜드 조인트 발생을 억제하기 위하여 한 곳부터 집중타설한다.
② 타설 순서 및 타설 속도를 준수한다.
③ 콘크리트 타설 도중에는 동바리, 거푸집 등의 이상 유무를 확인하고 감시인을 배치한다.
④ 진동기의 지나친 사용은 재료분리를 일으킬 수 있으므로 적절히 사용하여야 한다.

086

추락에 의한 위험방지와 관련된 승강설비의 설치에 관한 사항이다. ( ) 안에 들어갈 내용으로 옳은 것은?

> 사업주는 높이 또는 깊이가 ( )를 초과하는 장소에서 작업하는 경우 해당 작업에 종사하는 근로자가 안전하게 승강하기 위한 건설용 리프트 등의 설비를 설치하여야 한다.

① 1.0[m] ② 1.5[m]
③ 2.0[m] ④ 2.5[m]

087

철골용접 작업자의 전격 방지를 위한 주의사항으로 옳지 않은 것은?

① 보호구와 복장을 구비하고, 기름기가 묻었거나 젖은 것은 착용하지 않을 것
② 작업 중지의 경우에는 스위치를 떼어 놓을 것
③ 개로전압이 높은 교류용접기를 사용할 것
④ 좁은 장소에서의 작업에서는 신체를 노출시키지 않을 것

088

현장 안전점검 시 흙막이 지보공의 정기점검사항과 가장 거리가 먼 것은?

① 부재의 손상·변형·부식·변위 및 탈락의 유무와 상태
② 부재의 설치방법과 순서
③ 버팀대의 긴압의 정도
④ 부재의 접속부·부착부 및 교차부의 상태

089

지반조사의 방법 중 지반을 강관으로 천공하고 토사를 채취 후 여러 가지 시험을 시행하여 지반의 토질분포, 흙의 층상과 구성 등을 알 수 있는 것은?

① 보링 ② 표준관입시험
③ 베인테스트 ④ 평판재하시험

090

철골작업 시 폭우와 같은 악천후에 작업을 중지하여야 하는 강우량 기준은?

① 1시간당 1[mm] 이상일 때
② 2시간당 1[mm] 이상일 때
③ 3시간당 2[mm] 이상일 때
④ 4시간당 2[mm] 이상일 때

091

강관틀비계를 조립하여 사용하는 경우 벽이음의 수직 방향 조립간격은?

① 2[m] 이내마다 ② 5[m] 이내마다
③ 6[m] 이내마다 ④ 8[m] 이내마다

092

이동식 비계를 조립하여 작업을 하는 경우에 준수해야 할 사항과 거리가 먼 것은?

① 비계의 최상부에서 작업을 할 때에는 안전난간을 설치할 것
② 작업발판의 최대적재하중은 250[kg]을 초과하지 않도록 할 것
③ 승강용 사다리는 견고하게 설치할 것
④ 지주부재와 수평면과의 기울기를 75° 이하로 하고, 지주부재와 지주부재 사이를 고정시키는 보조부재를 설치할 것

093

유해위험방지계획서 제출대상공사에 해당하는 것은?

① 지상 높이가 21[m]인 건축물 해체공사
② 최대 지간거리가 50[m]인 교량의 건설공사
③ 연면적 5,000[m²]인 동물원 건설공사
④ 깊이가 9[m]인 굴착공사

094

건설용 리프트에 대하여 바람에 의한 붕괴를 방지하는 조치를 한다고 할 때 그 기준이 되는 풍속은?

① 순간풍속 30[m/s] 초과
② 순간풍속 35[m/s] 초과
③ 순간풍속 40[m/s] 초과
④ 순간풍속 45[m/s] 초과

095

공사종류 및 규모별 안전관리비 계상 기준표에서 공사종류의 명칭에 해당되지 않는 것은?

① 토목공사
② 교량신설공사
③ 중건설공사
④ 특수건설공사

096

다음 중 굴착기의 전부장치에 해당하지 않는 것은?

① 붐(Boom)
② 암(Arm)
③ 버킷(Bucket)
④ 블레이드(Blade)

097

블레이드의 길이가 길고 낮으며 블레이드의 좌우를 전후 25~30° 각도로 회전시킬 수 있어 흙을 측면으로 보낼 수 있는 도저는?

① 레이크 도저
② 스트레이트 도저
③ 앵글 도저
④ 틸트 도저

098

앞쪽에 한 개의 조향륜 롤러와 뒤축에 두 개의 롤러가 배치된 것으로(2축 3륜), 하층 노반다지기, 아스팔트 포장에 주로 쓰이는 장비의 이름은?

① 머캐덤 롤러
② 탬핑 롤러
③ 페이 로더
④ 래머

099

사질지반에 흙막이를 하고 터파기를 실시하면 지반수위와 터파기 저면과의 수위차에 의해 보일링 현상이 발생할 수 있다. 이때 이 현상을 방지하는 방법이 아닌 것은?

① 흙막이벽의 저면타입깊이를 크게 한다.
② 차수성이 높은 흙막이벽을 사용한다.
③ 웰포인트로 지하수면을 낮춘다.
④ 주동토압을 크게 한다.

100

강관을 사용하여 비계를 구성하는 경우의 준수사항으로 옳지 않은 것은?

① 비계기둥의 간격은 띠장 방향에서는 1.85[m] 이하로 할 것
② 비계기둥의 간격은 장선 방향에서는 1.0[m] 이하로 할 것
③ 띠장 간격은 2.0[m] 이하로 할 것
④ 비계기둥 간의 적재하중은 400[kg]을 초과하지 않도록 할 것

2025 에듀윌 산업안전산업기사 필기

FINAL
실전 모의고사

고객의 꿈, 직원의 꿈, 지역사회의 꿈을 실현한다

펴낸곳 (주)에듀윌 **펴낸이** 양형남 **출판총괄** 오용철
주소 서울시 구로구 디지털로34길 55 코오롱싸이언스밸리 2차 3층
대표번호 1600-6700 **등록번호** 제25100-2002-000052호

에듀윌 도서몰 book.eduwill.net
· 부가학습자료 및 정오표: 에듀윌 도서몰 → 도서자료실
· 교재 문의: 에듀윌 도서몰 → 문의하기 → 교재(내용, 출간) / 주문 및 배송

2025 에듀윌 산업안전산업기사 필기

FINAL 실전 모의고사
정답과 해설

고객의 꿈, 직원의 꿈, 지역사회의 꿈을 실현한다

펴낸곳 (주)에듀윌 **펴낸이** 양형남 **출판총괄** 오용철
주소 서울시 구로구 디지털로34길 55 코오롱싸이언스밸리 2차 3층
대표번호 1600-6700 **등록번호** 제25100-2002-000052호
협의 없는 무단 복제는 법으로 금지되어 있습니다.

에듀윌 도서몰 book.eduwill.net
• 부가학습자료 및 정오표: 에듀윌 도서몰 → 도서자료실
• 교재 문의: 에듀윌 도서몰 → 문의하기 → 교재(내용, 출간) / 주문 및 배송

MEMO

4_급

모의고사 1회 실전 모의고사 정답

一、听力 듣기

第一部分 제1부분	1	×	2	√	3	×	4	√	5	×
	6	×	7	√	8	×	9	×	10	√
第二部分 제2부분	11	B	12	D	13	B	14	A	15	C
	16	D	17	B	18	A	19	D	20	B
	21	A	22	A	23	C	24	C	25	D
第三部分 제3부분	26	D	27	A	28	C	29	A	30	D
	31	B	32	C	33	B	34	D	35	A
	36	C	37	B	38	A	39	C	40	D
	41	B	42	A	43	D	44	A	45	B

二、阅读 독해

第一部分 제1부분	46	E	47	A	48	B	49	F	50	C
	51	B	52	D	53	F	54	A	55	E
第二部分 제2부분	56	A B C	57	C A B	58	B C A	59	C B A	60	A C B
	61	B A C	62	A C B	63	C B A	64	A B C	65	B A C
第三部分 제3부분	66	B	67	C	68	A	69	B	70	D
	71	A	72	C	73	D	74	B	75	C
	76	A	77	D	78	B	79	B	80	A
	81	D	82	C	83	A	84	B	85	C

三、书写 쓰기

第一部分
제1부분

86	你戴这个眼镜很好看。
87	超过一半儿的人按时完成了任务。
88	这里的景色十分吸引我。
89	我十分后悔对她发了脾气。
90	你能重新讲一遍吗？
91	他的书被翻译成了十几种语言。
92	最让我伤心的是你的态度。
93	这种药的味道没那么苦。
94	请将这些数字按大小顺序重新排列。
95	老师的鼓励使他越来越自信。

第二部分
제2부분

96	我大学毕业后成为了一名导游。
97	飞机快降落了。
98	我把热水倒进杯子里。
99	因为昨天没睡好，所以我今天很困。
100	我在笔记本上写日记。

5

모의고사 1회 · 실전 모의고사 해석

一、听力 · 듣기 해석

✔ 第一部分 · 제1부분

1

> 尽管来这儿已经快三个月了，可是由于平时太忙，他很少出去玩儿。所以对这儿的环境还不是特别熟悉。
>
> ★ 他很熟悉这里的环境。

해석

비록 이곳에 온 지 이미 3개월이 되어가지만, 그러나 평소에 너무 바쁘기 때문에, 그는 거의 나가서 놀지 않는다. 그래서 이곳의 환경에 대해 아직 매우 익숙하지는 않다.

★ 그는 이곳의 환경에 매우 익숙하다. (✕)

2

> 要想提高工作速度，首先要学会管理时间，先做什么，后做什么，都要计划好。
>
> ★ 要学会管理时间。

해석

업무 속도를 향상시키려면, 먼저 시간을 관리하는 것을 배워야 하고, 먼저 무엇을 하고, 나중에 무엇을 할 것인지 모두 다 계획해야 한다.

★ 시간 관리하는 것을 배워야 한다. (✓)

3

> 观众朋友们，大家好。欢迎您准时收看《走四方》。今天，我们很高兴地邀请到米先生

参加我们的节目，来听听他在世界各地旅游的有趣经历。

> ★ 《走四方》是一部电影。

해석

시청자 여러분, 모두 안녕하세요. 정시에 《사방을 돌아다녀요》를 시청하시는 것을 환영합니다. 오늘 우리는 기쁘게도 미 선생님께서 우리 프로그램에 참가하도록 초대하여, 그가 세계 각지에서 여행했던 재미있는 경험을 들으려 합니다.

★ 《사방을 돌아다녀요》는 한 편의 영화이다. (✕)

4

> 我家附近有个游泳馆步行只要五分钟，我常常约朋友一起去那儿游泳。
>
> ★ 他经常去游泳。

해석

우리 집 부근에는 수영장이 있는데 걸어서 5분이면 된다. 나는 종종 친구들과 함께 그곳에 수영하러 가자고 약속한다.

★ 그는 종종 수영하러 간다. (✓)

5

> 经理，这个问题到底是什么原因引起的，还需要进一步调查。我保证月底前一定查明原因，然后写一份总结交给您。
>
> ★ 问题已经调查清楚了。

해석

사장님, 이 문제는 도대체 무슨 원인이 초래한 것인지 아직 좀 더 조사를 해야 할 필요가 있습니다. 제가 월말 전에 반드시 원인을 조사해서 밝히고, 그런 후에 최종 보고를 써서 당신께 제출할 것을 보증합니다.

★ 문제는 이미 조사해서 밝혀졌다. (X)

6

我和小陈下午一起去看电影，电影看了一半儿她突然就走了，到现在一直联系不上。我真担心她会出什么事。

★ 他联系上了小陈。

해석

나와 샤오천은 오후에 함께 영화를 보러 갔는데, 영화를 반만 보고서 그녀가 갑자기 가버렸고, 지금까지도 줄곧 연락이 안 된다. 나는 정말 그녀가 무슨 일이 생긴 건지 걱정된다.

★ 그는 샤오천에게 연락이 됐다. (X)

7

奶奶的耳朵听不太清楚，所以我一般不给她打电话，而是每个月给她写信。

★ 他每个月给奶奶写信。

해석

할머니의 귀는 정확하게 들리지 않는다. 그래서 나는 보통 그녀에게 전화를 하지 않고, 매달 그녀에게 편지를 쓴다.

★ 그는 매달 할머니에게 편지를 쓴다. (√)

8

这份杂志是专门介绍海洋知识的，每个月出两本，每本售价八元。

★ 那份杂志每两个月出两本。

해석

이 잡지는 전문적으로 해양 지식을 소개하는 것으로, 매달 2권이 나오고, 권 당 판매가는 8위안이다.

★ 그 잡지는 두 달마다 2권이 나온다. (X)

9

以前我去一趟上海要乘坐10多个小时的火车。现在交通方便了，坐高铁去北京大概6个小时就能到。

★ 他现在去上海仍然很不方便。

해석

이전에 나는 상하이에 한 번 갔다가 오려면 10시간 넘게 기차를 타야 했다. 지금은 교통이 편리해져서, 고속철도를 타고 베이징에 가면 대략 6시간이면 도착한다.

★ 그가 지금 상하이에 가는 것은 여전히 매우 불편하다. (X)

10

这次会议对于我们来说非常重要，大家一定要重视起来，所有材料都要仔细整理好，不允许出现任何错误。

★ 必须重视那个会议。

해석

이번 회의는 우리에게 있어서 매우 중요하니, 모두 반드시 중시해야 하고, 모든 자료는 자세하게 다 정리해서, 어떠한 착오가 나오는 것도 허락하지 않겠습니다.

★ 반드시 그 회의를 중시해야 한다. (√)

✅ **第二部分** · 제2부분

11

男: 经理，小乐下个月就要走了。我们办公室得招个人。

女: 我知道了。你先上网发个招聘通知，然后安排面试。

问: 女的让男的发什么？

A 开会通知　　　　B 招聘信息

C 电子邮件　　　　D 传真

해석

남: 사장님, 샤오러가 다음 달이면 곧 떠납니다. 우리 사무실은 사람을 모집해야 해요.

여: 알겠어요. 당신이 먼저 인터넷에 들어가서 모집 통지를 올리고, 그런 후에 면접을 안배하세요.

질문: 여자는 남자에게 무엇을 올리라고 했나?

보기

A 회의 통지　　　B 모집 정보　　　C 이메일　　　D 팩스

12

女: 刚才你和谁打电话呢？

男: 五楼的邻居小黄。他问我小区是不是停水了。

问: 男的刚才在和谁打电话？

A 顾客　　　B 房东　　　C 警察　　　D 邻居

해석

여: 방금 당신은 누구와 전화한 거예요?

남: 5층의 이웃 샤오황이요. 그는 나에게 단지에 단수가 된 것인지 아닌지 물었어요.

질문: 남자는 방금 누구와 전화하고 있었나?

보기

A 고객　　　B 집주인　　　C 경찰　　　D 이웃

13

男: 才半个月没见，你的皮肤怎么变得这么黑？

女: 暑假去南方玩儿了，那儿的阳光特别厉害。

问: 女的怎么了？

A 护照丢了　　　　B 变黑了

C 长胖了　　　　　D 累病了

해석

남: 겨우 반 개월 못 봤는데, 너의 피부가 왜 이렇게 까맣게 변했어?

여: 여름 방학에 남방에 놀러 갔었는데, 그곳의 햇빛은 매우 대단했어.

질문: 여자는 어떻게 된 것인가?

보기

A 여권을 잃어버렸다　　　B 까맣게 변했다

C 뚱뚱해졌다　　　　　　D 피곤해서 병이 났다

14

女: 喂，你什么时候回来？我出门倒垃圾，把自己关门外了。

男: 我刚加完班，十分钟左右到家。

问: 女的为什么给男的打电话？

A 忘拿钥匙　　　　B 没塑料袋了

C 没带雨伞　　　　D 家里停电

해석

여: 여보세요, 당신은 언제 돌아오나요? 내가 나와서 쓰레기를 버리고는, 자신을 문밖에 가둬버렸어요(열쇠 없이 나와서 집에 못 들어가는 상황).

남: 나는 막 야근을 마쳐서, 10분 정도면 집에 도착할 거예요.

질문: 여자는 왜 남자에게 전화했나?

보기

A 열쇠를 가져오는 것을 잊었다　　B 비닐봉지가 없다

C 우산을 가져오지 않았다　　　　D 집에 정전이 되었다

15

男：你怎么知道这里的家具在打折？

女：我上次在公交车上看到了他们的广告。

问：女的是怎么知道家具在打折的？

A 收到短信　　　　B 听房东说

C 看到广告　　　　D 听广播

해석

남: 당신은 어떻게 이곳의 가구가 할인 중이라는 것을 알았죠?

여: 저는 지난번에 버스에서 그들의 광고를 봤어요.

질문: 여자는 어떻게 가구가 할인 중이라는 것을 알았나?

보기

A 문자를 받았다　　　　B 집주인이 말하는 것을 들었다

C 광고를 봤다　　　　D 방송을 들었다

16

女：你车开得怎么样？

男：一般，我只是偶尔在附近开开，还不敢上高速公路。

问：他们在谈什么？

A 高速入口　　　　B 交通规则

C 车的质量　　　　D 开车技术

해석

여: 당신은 운전 실력이 어때요?

남: 평범해요. 저는 단지 가끔 근처에서만 운전을 좀 하고, 아직은 고속도로에는 감히 진입하지 못해요.

질문: 그들은 무엇을 이야기하고 있나?

보기

A 고속도로 입구　　　　B 교통 규칙

C 차의 품질　　　　D 운전 실력

17

男：张老师，我是李刚的父亲。我想了解一下他的情况。

女：他平时学习很努力，和同学关系也不错。

问：张老师觉得李刚怎么样？

A 数学基础好　　　　B 学习努力

C 爱开玩笑　　　　D 对同学不友好

해석

남: 장 선생님, 저는 리깡의 아빠입니다. 저는 그의 상황을 좀 알고 싶습니다.

여: 그는 평소에 공부도 열심히 하고, 학교 친구들과 관계도 좋습니다.

질문: 장 선생님은 리깡이 어떠하다고 생각하나?

보기

A 수학 기초가 좋다　　　　B 공부를 열심히 한다

C 농담하기를 좋아한다　　D 학교 친구들에게 우호적이지 않다

18

女：过几天就是国际啤酒节了，我们一起去看看。

男：好啊，听说啤酒节上既能喝啤酒又能看表演呢。

问：女的邀请男的参加什么活动？

A 啤酒节　　　　B 游戏

C 音乐节　　　　D 京剧演出

해석

여: 며칠만 지나면 국제 맥주 페스티벌이야. 우리 함께 구경하러 가자.

남: 좋아. 듣기에 맥주 페스티벌에서는 맥주도 마실 수 있고 공연도 볼 수 있대.

질문: 여자는 남자에게 무슨 활동에 참가하자고 초대했나?

보기

A 맥주 페스티벌　　B 게임　　C 뮤직 페스티벌　　D 경극 공연

19

男：你昨晚一直在医院？

女：对。我丈夫身体不舒服，住院了。我一直在医院照顾他。

问：关于女的，可以知道什么？

A 父亲生病了　　　B 肚子不舒服

C 发烧了　　　　　D 昨晚在医院

해석

남: 당신은 어젯밤에 줄곧 병원에 있었나요？

여: 맞아요. 우리 남편의 몸이 안 좋아서 입원했어요. 저는 줄곧 병원에서 그를 돌봤어요.

질문: 여자에 관해, 무엇을 알 수 있나？

보기

A 아버지가 병이 나셨다　　　B 배가 불편하다

C 열이 난다　　　　　　　　D 어젯밤에 병원에 있었다

20

女：电子邀请发出后我才发现会议时间写错了。

男：那你给参会者重新发邮件，向他们道歉并告诉他们正确时间。

问：男的建议怎么做？

A 改开会地址　　　B 重新发邮件

C 先冷静下来　　　D 增加参会人数

해석

여: 전자 초대장을 발송한 후 나는 그제야 회의 시간을 틀리게 썼다는 것을 발견했어요.

남: 그럼 당신은 회의 참가자들에게 새로 이메일을 보내서, 그들에게 사과하고 정확한 시간을 알려주세요.

질문: 남자는 어떻게 하라고 건의하나？

보기

A 회의장 주소를 고친다　　　B 새로 이메일을 보낸다

C 먼저 냉정해진다　　　D 회의 참가 인원수를 증가시킨다

21

男：听说你最近买房了？地点在哪儿？

女：在郊区，环境不错，可惜离孩子学校有点儿远。所以我们还没搬过去。

问：关于女的，可以知道什么？

A 她还没搬家　　　B 讨厌加班

C 有个儿子　　　　D 是老师

해석

남: 듣기에 당신은 최근에 집을 샀다면서요？ 위치가 어디에 있나요？

여: 교외 지역에 있어서 환경은 좋은데, 안타깝게도 아이 학교에서 조금 멀어요. 그래서 우리는 아직 이사하지 않았어요.

질문: 여자에 관해, 무엇을 알 수 있나？

보기

A 그녀는 아직 이사하지 않았다　　　B 야근을 싫어한다

C 아들이 있다　　　　　　　　　　D 선생님이다

22

女：我们先在这儿存一下包，一会儿参观结束后再过来取。

男：那我把照相机放进去吧。里面不允许照相。

问：他们接下来会做什么？

A 存包　　　　　B 取登机牌

C 修相机　　　　D 扔垃圾

해석

여: 우리 먼저 이곳에 가방을 맡기고, 잠시 뒤 참관이 끝난 후 다시 와서 찾자.

남: 그럼 나는 카메라를 넣을게. 안에서 사진 찍는 것을 허락하지 않아.

질문: 그들은 이어서 무엇을 할 것인가？

보기

A 가방을 맡긴다　　　B 탑승권을 찾는다

C 카메라를 수리한다　　　D 쓰레기를 버린다

23

男：今天最后面试的那个小伙子给大家的印象挺好的。

女：确实专业知识丰富，态度又积极。

问：关于那个小伙子，下列哪个正确？

A 外语流利　　　　B 不自信

C 知识丰富　　　　D 不符合条件

해석

남: 오늘 마지막에 면접을 본 그 젊은이가 모두에게 준 인상이 매우 좋네요.

여: 확실히 전문적인 지식이 풍부하고, 태도 또한 적극적이었어요.

질문: 그 젊은이에 관해, 다음 중 어느 것이 옳은가?

보기

A 외국어가 유창하다　　　　B 자신감이 없다

C 지식이 풍부하다　　　　D 조건에 부합하지 않는다

24

女：大家快来尝尝这个香蕉，特别新鲜。我从果园拿过来的。

男：你们先吃。我忙完剩下的工作就过去。

问：香蕉是从哪儿拿来的？

A 饭店　　B 面包点　　C 果园　　D 办公室

해석

여: 모두 빨리 와서 이 바나나 맛 좀 보세요. 매우 신선해요. 제가 과수원에서 가져온 거예요.

남: 당신들 먼저 먹어요. 나는 남은 일을 다 하고 갈게요.

질문: 바나나는 어디에서 가져온 것인가?

보기

A 식당　　　　B 빵집　　　　C 과수원　　　　D 사무실

25

男：这两种眼镜有什么区别？看起来好像一样。

女：不一样。左边这种是用电脑时戴的，可以起到保护眼睛的作用。

问：关于左边的眼镜，可以知道什么？

A 游泳时戴　　　　B 是黑色的

C 是塑料的　　　　D 能保护眼睛

해석

남: 이 두 가지 안경은 무슨 차이가 있나요? 보기에는 마치 같은 것 같아요.

여: 다릅니다. 왼쪽의 이것은 컴퓨터를 사용할 때 쓰는 것으로, 눈을 보호하는 작용을 합니다.

질문: 왼쪽의 안경에 관해, 무엇을 알 수 있나?

보기

A 수영할 때 쓴다　　　　B 검은색이다

C 플라스틱이다　　　　D 눈을 보호할 수 있다

✅ 第三部分 · 제3부분

26

女：大学毕业后我们就没联系了。你现在在哪儿工作呢？

男：毕业后在老家工作了半年，然后又考上了北京大学，读研究生。

女：真厉害，是硕士了。你读什么专业？几年？

男：教育学，两年。

问：女的为什么说男的很厉害？

A 他文章写得好　　　　B 他力气大

C 他工作了两年　　　　D 他是研究生

해석

여: 대학 졸업 후 우리는 연락을 안 했네. 너는 지금 어디에서 일하니?

남: 졸업 후에 고향에서 반년 일했고, 그런 후에 베이징 대학교에 합격해서 대학원을 다녀.

여: 정말 대단하다. 석사가 되었구나. 너는 무슨 전공을 공부해? 몇 년이야?

남: 교육학이고, 2년이야.

질문: 여자는 왜 남자가 대단하다고 말했나?

보기

A 그는 글을 잘 쓴다　　　B 그는 힘이 세다

C 그는 2년을 일했다　　　D 그는 대학원생이다

27

男: 我今天去借书的时候发现图书馆新到了很多书。

女: 都是哪方面的?

男: 法律和经济的比较多，还有艺术和医术等方面的。

女: 太好了。那我明天也去看看。

问: 女的明天要去哪儿?

A 图书馆　B 教室　C 公园　D 大使馆

해석

남: 나는 오늘 책을 빌리러 갔을 때 도서관에 많은 책이 새로 도착했다는 것을 발견했어.

여: 모두 어느 방면의 것이었니?

남: 법률과 경제 쪽이 비교적 많았고, 또 예술과 의술 등 방면의 것도 있었어.

여: 너무 잘됐다. 그럼 나도 내일 보러 가야겠네.

질문: 여자는 내일 어디에 가려고 하나?

보기

A 도서관　　　B 교실　　　C 공원　　　D 대사관

28

女: 我们报名参加这次翻译比赛吧。

男: 不了，我觉得自己的水平不行。

女: 你的水平比我高多了。我都敢报名，你为什么不试一下?

男: 好吧。那我也试试。

问: 女的希望男的怎么做?

A 多练习语法　　　B 多听多说

C 报名参赛　　　D 多翻译文章

해석

여: 우리는 이번 번역 대회에 참가 신청하자.

남: 아니야. 나는 나 자신의 수준이 안 된다고 생각해.

여: 너의 수준이 나보다 훨씬 높아. 나조차도 자신있게 신청하는데, 너는 왜 시도 한번 해보지 않니?

남: 좋아. 그럼 나도 시도해 볼게.

질문: 여자는 남자가 어떻게 하기를 희망하나?

보기

A 어법을 많이 연습하다　　　B 많이 듣고 많이 말하다

C 대회에 참가 신청하다　　　D 글을 많이 번역하다

29

男: 这是上次跟你提到的那个森林公园的地址。

女: 它在郊区呀? 距离我家还挺远的。

男: 走高速公路很快，大约四十分钟就能到。

女: 这样还可以。都说那儿的景色很美，我一定要去看看。

问: 森林公园怎么样?

A 景色美　　　B 空气好

C 很安静　　　D 保护得很好

해석

남: 이것은 지난번에 너에게 말했던 그 삼림공원의 주소야.

여: 그것은 교외에 있는거야? 우리 집에서 매우 멀다.

남: 고속도로로 가면 빨라. 대략 40분이면 도착할 수 있어.

여: 그럼 괜찮네. 모두 그곳의 풍경이 아름답다고 하니, 나는 반드시 보러 가야겠어.

질문: 삼림공원은 어떠한가?

보기

A 경치가 아름답다

B 공기가 좋다

C 조용하다

D 보호가 잘되었다

30

女：春节你打算去哪儿玩儿啊？

男：我想带儿子出国，但是恐怕来不及办签证了。

女：没关系。有些国家是免签的，有的允许到那儿以后再签。

男：是吗？都有哪些国家？

女：我也记不清了，你上网查查吧。

问：男的接下来最可能做什么？

A 买机票

B 去大使馆

C 整理行李箱

D 上网查信息

해석

여: 춘제(설날)에 당신은 어디로 놀러 갈 계획인가요?

남: 저는 아들을 데리고 외국에 가고 싶은데, 그러나 아마 비자 수속을 하기에는 늦은 것 같아요.

여: 괜찮아요. 어떤 국가는 비자가 면제이고, 어떤 곳은 그곳에 도착한 이후 발급하는 것을 허가해 주기도 해요.

남: 그래요? 어떤 국가인가요?

여: 저도 정확히 기억하지 못하겠어요. 당신이 인터넷으로 찾아보세요.

질문: 남자는 이어서 무엇을 할 가능성이 가장 큰가?

보기

A 비행기 표를 산다

B 대사관에 간다

C 여행 가방을 정리한다

D 인터넷으로 정보를 찾는다

31

男：你有小镜子吗？能借我用一下吗？

女：在包里呢，怎么了？

男：我眼睛里好像进东西了，感觉很不舒服。

女：给你，你快看看吧。

问：男的怎么了？

A 鼻子难受

B 眼睛不舒服

C 咳嗽很严重

D 发烧了

해석

남: 당신은 작은 거울이 있나요? 제가 좀 사용하게 빌려주실 수 있으세요?

여: 가방에 있어요. 무슨 일이세요?

남: 제 눈에 무언가 들어간 것 같아요. 느낌이 매우 불편해요.

여: 여기 있어요. 얼른 좀 보세요.

질문: 남자는 어떻게 된 것인가?

보기

A 코가 불편하다

B 눈이 불편하다

C 기침이 심하다

D 열이 난다

32

女：什么事让你这么兴奋？

男：我爸刚送了一台电脑给我。

女：这不是你本来打算自己存钱买的那台吗？

男：对。所以我特别开心。

问：电脑是谁送的？

A 爷爷　　B 叔叔　　C 爸爸　　D 姐姐

해석

여: 무슨 일이 너를 이렇게 흥분하게 했어?

남: 우리 아빠가 막 컴퓨터 한 대를 나에게 선물해주셨어.

여: 이것은 네가 본래 스스로 돈을 모아 사려던 그거 아니야?

남: 맞아. 그래서 나는 매우 기뻐.

질문: 컴퓨터는 누가 선물한 것인가?

보기

A 할아버지   B 삼촌   C 아빠   D 누나

33

男: 我本来以为你会学语言，没想到你竟然学医了。

女: 我学医主要是受到了我爷爷的影响。

男: 你爷爷是大夫？

女: 是的。他当医生已经四十多年了。

问: 关于女的，可以知道什么？

A 今年50岁   B 想当医生

C 成绩不合格   D 不理解爷爷

해석

남: 나는 본래 네가 언어를 배울 것이라고 생각했는데, 네가 뜻밖에 의학을 배울 줄은 생각지도 못했어.

여: 내가 의학을 공부하는 것은 주로 우리 할아버지의 영향을 받아서야.

남: 네 할아버지는 의사이시니?

여: 응. 할아버지는 의사가 되신 지 이미 40여년이 되었어.

질문: 여자에 관해, 무엇을 알 수 있나?

보기

A 올해 50세이다   B 의사가 되고 싶다

C 성적이 불합격이다   D 할아버지를 이해하지 못한다

34

女: 你尝过了吗？这次蛋糕做得怎么样？

男: 很好吃，糖也放得正好。没想到你水平提高了这么多。

女: 那当然了，我专门找了这方面的书来学习呢。男: 太厉害啦！

问: 女的看了哪方面的书？

A 西红柿   B 巧克力   C 饺子   D 蛋糕

해석

여: 너는 맛을 봤어? 이번 케이크는 어때?

남: 맛있어. 설탕도 딱 적당하게 넣었네. 네 수준이 이렇게 많이 향상되었을 줄 생각지도 못했어.

여: 그거야 당연하지. 내가 일부러 이 방면의 책을 찾아서 공부했는걸.

남: 정말 대단하!

질문: 여자는 어느 방면의 책을 봤나?

보기

A 토마토   B 초콜릿   C 만두   D 케이크

35

男: 我放在这儿的塑料袋呢？

女: 是一个蓝色的袋子吗？我扔垃圾桶里了。

男: 里面有一双新袜子呢，我昨天刚买的。

女: 袜子我已经帮你拿出来了，在那儿呢。

问: 那个蓝色的袋子里有什么？

A 袜子   B 眼镜   C 垃圾   D 钥匙

해석

남: 내가 여기에 둔 비닐봉지는요?

여: 남색 봉지예요? 제가 쓰레기통에 버렸어요.

남: 안에 새 양말 한 켤레가 있었어요. 제가 어제 막 산 거예요.

여: 양말은 제가 이미 당신을 위해 꺼냈어요. 저기에 있어요.

질문: 그 남색 봉지 안에는 무엇이 있었나?

보기

A 양말   B 안경   C 쓰레기   D 열쇠

36-37

一个小孩儿坐在门口玩儿。有个人走过来问他：“你爸妈在家吗？”小孩儿回答说：“都在呢。”于是那人去敲门，但敲了很久也没人来开门。她又问小孩儿：“怎么没人开门呢？”小孩儿说：“阿姨，你敲错门了，我家不在这儿。”

36. 问：那人问了小孩儿什么问题？

A 为什么坐着　　　B 邮局怎么走

C 父母是否在家　　D 关门了吗

37. 问：小孩儿认为那人怎么样？

A 来晚了　　　　　B 敲错了门

C 很好骗　　　　　D 不太礼貌

해석

한 아이가 문 앞에 앉아 있었다. 어떤 사람이 걸어와서 그에게 물었다. "네 엄마와 아빠는 집에 계시니?" 아이가 대답했다. "모두 계세요." 그래서 그 사람은 가서 노크했지만, 그러나 한참 동안 노크를 해도 와서 문을 여는 사람이 없었다. 그녀는 또 아이에게 물었다. "어째서 문을 여는 사람이 없지?" 아이가 말했다. "아주머니, 당신은 문을 잘못 노크했어요. 우리 집은 여기 있지 않아요."

36. 질문: 그 사람은 아이에게 무슨 질문을 물었나?

보기

A 왜 앉아있나　　　　　　B 우체국은 어떻게 가나

C 부모님이 집에 있나 없나　D 문을 닫았나

37. 질문: 아이는 그 사람이 어떠하다고 생각하나?

보기

A 늦게 왔다　　　　　　　B 문을 잘못 노크했다

C 속이기 매우 좋다　　　　D 그다지 예의가 없다

38-39

很久以前有位叫公明仪的音乐家琴弹得特别好。有一次，他看到水牛在河边吃草，就对着水牛弹了一段。结果水牛并没有被琴声吸引，而是慢慢地走开了。公明仪看到后说：“我真是对牛弹琴呀。”后来人们就用“对牛弹琴”来指一个人不理解别人说的话很难交流。

38. 问：水牛听到琴声后做了什么？

A 走开了　　　　　B 变得兴奋

C 回过了头　　　　D 一边叫一边跑

39. 问：“对牛弹琴”表示什么意思？

A 联系太少　　　　B 很可怜

C 无法交流　　　　D 有误会

해석

아주 오래전 公明仪라는 음악가가 거문고를 매우 잘 켰다. 한 번은 그가 물소가 강가에서 풀을 먹는 것을 보게 되었고, 물소를 향해 한 가락을 켰다. 결과적으로 물소는 결코 거문고 소리에 매료되지 않았고, 천천히 가버렸다. 公明仪가 본 후 말했다. "내가 정말 소에게 거문고를 켰구나." 후에 사람들은 '소에게 거문고를 켠다'를 사용해서 한 사람이 다른 사람이 하는 말을 이해하지 못해 교류가 어렵다는 것을 가리킨다.

38. 질문: 물소는 거문고 소리를 들은 후 무엇을 했나?

보기

A 가버렸다　　　　　　　B 흥분되게 변했다

C 고개를 돌렸다　　　　　D 소리치며 도망갔다

39. 질문: '소에게 거문고를 켠다'는 무슨 뜻을 나타내는가?

보기

A 연락이 너무 적다　　　　B 불쌍하다

C 교류할 방법이 없다　　　D 오해가 있다

40-41

经常有观众看完电影后表示很失望，认为电影失败的主要原因是年轻演员演得不好。确实有的年轻演员演得比较差。但大家在批评他们的同时，也应该看到他们的努力，给他们鼓励和建议。这样他们才能更快地提高演技，带来更好的电影。

40. 问：观众看电影后为什么很失望？

A 影院环境差　　　B 声音不清楚

C 故事太老了　　　D 演员演得不好

41. 问：对于年轻的演员，说话人是什么意见？

A 只看优点　　　B 多鼓励

C 要求更严　　　D 不给机会

해석

종종 관중들은 영화를 본 후 실망을 나타내고, 영화가 실패한 주요 원인은 젊은 연기자가 연기를 잘하지 못해서라고 생각한다. 확실히 어떤 젊은 연기자들은 연기가 비교적 부족하다. 그러나 모두 그들을 비판함과 동시에, 그들의 노력을 보고 그들에게 격려와 조언을 해야 한다. 이렇게 해야만 그들이 더 빨리 연기력을 향상시키고, 더 좋은 영화를 가져올 수 있다.

40. 질문: 관중은 영화를 본 후 왜 실망하는가?

보기

A 영화관 환경이 좋지 않다　　　B 소리가 뚜렷하지 않다

C 이야기가 너무 케케묵었다　　　D 연기자가 연기를 잘 못 한다

41. 질문: 젊은 연기자들에 대해, 화자는 무슨 의견인가?

보기

A 장점만을 본다　　　B 많이 격려한다

C 요구를 더 엄격하게 한다　　　D 기회를 주지 않는다

42-43

云南省在中国的西南，那里雨水较多，四季如春。走进云南你就会发现那儿有各种各样的植物，而且一年四季都有鲜花。鲜花不仅让云南变得美丽，还被云南人做成了多种小吃。鲜花饼就是其中非常有名的一种。

42. 问：关于云南省，可以知道什么？

A 植物多　　　B 气候变化大

C 几乎不下雨　　　D 都是汉族人

43. 问：根据这段话，鲜花可用来做什么？

A 巧克力　　B 饺子　　C 香水　　D 小吃

해석

윈난성은 중국의 서남부에 위치하고, 그곳은 비가 비교적 많이 내리며, 사계절이 봄과 같다. 윈난으로 간 당신은 그곳에 여러 가지의 식물이 있고, 게다가 일 년 사계절 모두 꽃이 있다는 것을 발견하게 될 것이다. 꽃은 윈난을 아름답게 변화시킬 뿐만 아니라, 게다가 윈난 사람들에 의해 여러 종류의 간단한 음식으로 만들어졌다. 꽃전병이 바로 그중 가장 유명한 종류이다.

42. 질문: 윈난성에 관해, 무엇을 알 수 있나?

보기

A 식물이 많다　　　B 기후 변화가 크다

C 거의 비가 내리지 않는다　　　D 모두 한족 사람이다

43. 질문: 이 단락에 근거하여, 꽃은 사용해서 무엇을 만들 수 있나?

보기

A 초콜릿　　　B 만두　　　C 향수　　　D 간단한 음식

44-45

夏季长时间在阳光下对皮肤不好。医生提醒大家：夏季要特别注意保护皮肤，要经常洗脸，保证皮肤干净，别让汗水留在脸上。另外，白天要减少户外活动，出门时最好带上伞，或者戴上帽子。

44. 根据这段话，夏天出门时应该怎么做？

A 拿上伞　　　　　B 多喝水

C 穿凉鞋　　　　　D 穿短裤

45. 这段话主要谈什么？

A 太阳和月亮　　　B 要保护皮肤

C 刷牙的好处　　　D 怎样打扮

해석

여름에 장시간 햇빛 아래 있으면 피부에 좋지 않다. 의사는 모두에게 다음과 같이 상기시켰다. 여름에는 피부를 보호하는 데 특히 주의해야 한다. 자주 얼굴을 씻어 피부가 깨끗하도록 확실히 하고, 땀이 얼굴에 남지 않도록 해야 한다. 이 외에, 낮에는 야외 활동을 줄이고, 외출할 때 가장 좋기로는 양산을 가져가거나 혹은 모자를 써야 한다.

44. 질문: 이 단락에 근거하여, 여름에 외출할 때는 어떻게 해야 하나?

보기

A 양산을 가진다　　　　　B 물을 많이 마신다

C 샌들을 신는다　　　　　D 짧은 바지를 입는다

45. 질문: 이 단락은 주로 무엇을 이야기하나?

보기

A 태양과 달　　　　　B 피부를 보호해야 한다

C 이를 닦는 것의 좋은 점　　D 어떻게 꾸미는가

二、阅读　　　독해 해석

✓ 第一部分 · 제1부분

46-50

46

해석

눈앞의 이 일기장을 보면서, 그녀는 천천히 어렸을 때의 E 행복과 고민을 회상했다.

47

해석

무슨 문제가 나타나든 A 관계없이, 즉시 우리와 연락해 주세요.

48

해석

모두에게 B 번거로움을 가져와서 죄송합니다. 동시에 또한 여러분의 이해와 지지에 매우 감사합니다.

49

해석

좋은 글은 종종 내용이 F 풍부하고, 정보가 정확하며, 게다가 언어가 유머러스하고 재미있다.

50

해석

오빠는 매월 수입 중의 일부분을 은행에 C 저축한다.

51-55

51

해석

A: 오늘 날씨가 이렇게 추운데, 당신은 왜 아직도 창문을 열고 있나요?

B: 저는 방을 신선한 B 공기로 환기하고 싶어서요. 좀 있다 닫을게요.

52

해석

A: 당신을 이렇게 오랫동안 D 방해했네요. 저도 가야겠어요. 당신이 줄곧 이렇게 저를 돌봐주셔서 감사해요.

B: 그렇게 말하지 마세요. 시간이 있으면 다시 오세요.

53

해석

A: 언어는 교류에 사용하는 것으로, 자전과 사전 속의 글자와 단어를 외우는 것만으로는 F 충분하지 않아, 많이 듣고 많이 말해야 해요.

B: 맞아요. 이것이야말로 중국어 학습의 좋은 방법이에요.

54

해석

A: 이 초콜릿의 광고는 너무 낭만적이에요!

B: 맞아요. 아주 특징이 있는데, A 특히 그 속의 음악을 저는 매우 좋아해요.

55

해석

A: 그가 E 제공한 이 정보들로 볼 때, 이 가방은 확실히 그의 것이에요.

B: 이왕 이렇게 된 거, 그럼 그에게 찾으러 오라고 통지해요.

✅ 第二部分 · 제2부분

56

해석

A 오늘 바람이 매우 세게 불고

B 기온도 낮아서, 길에 거의 사람이 없다

C 그러나 그는 그래도 원래 계획에 따라 외출했다

57

해석

C 베이징에서 버스를 탈 때 잔돈을 준비하는 사람은 매우 적다

A 대부분 사람은 모두 버스 카드를 사용한다

B 왜냐하면 그것은 사용하기에 편리할 뿐만 아니라, 게다가 현금을 사용하는 것보다 편리하다

58

해석

B 이 가게의 만두는 매우 유명하고, 게다가 아주 맛있다

C 그러나 그들은 매일 200인분만 판매한다

A 먹고 싶다면 일찍 가서 줄을 서야 한다

59

해석

C 많은 국가의 휴대 전화 번호의 자릿수는 다르다

B 예를 들어, 중국의 휴대 전화 번호는 11자리 수이다

A 전 세계에서 가장 긴 휴대 전화 번호라고 말할 수 있다

60

해석

A 나는 이번 학기에 수업을 많이 선택했다

C 하지만 나는 지금 매우 후회한다

B 왜냐하면 어떤 수업은 너무 어려워서, 예습과 복습에 많은 시간을 써야 한다

61

해석

B 많은 사람은 일찍이 꿈에 대해 해석을 하려고 시도해본다

A 어떤 사람들은 심지어 전문적으로 이 방면의 책을 쓴다

C 안타깝게도 지금까지 여전히 과학적인 견해가 없다

62

해석

A 인터넷의 발전은 우리들의 학습 방법을 바꿨다

C 예를 들어, 집에서 인터넷으로 선생님과 얼굴을 보고 교류할 수 있고

B 심지어 외국의 선생님이 강의하는 수업을 들을 수도 있다

63

해석

C 이 소파는 너무 길어서, 우리는 처음에 한참 동안 시도했지만

B 그래도 그것을 엘리베이터 안으로 옮기지 못했다

A 그래서 마지막에는 계단을 걸어서 올라올 수밖에 없었다

64

해석

A 성격이 유머러스한 사람은 고민이 없는 것이 아니라

B 단지 그들은 유머러스한 방식으로

C 자신으로 하여금 홀가분하고 유쾌하게 지내도록 하는 것을 아는 것이다

65

해석

B 상하이 여행절 이벤트가 이미 시작되었다

A 상하이 과학기술관, 상하이 센추리 파크 등과 같은 곳은

C 입장권 가격이 모두 평소의 절반이다

✓ 第三部分 · 제3부분

66

해석

이번 캠퍼스 음악회는 성공적으로 개최되었다. 비록 모든 사람이 힘들었지만, 그러나 관중들의 열정은 그들을 감동시켰다.

★ 캠퍼스 음악회는 :

보기

A 일주일 동안 열렸다　　　　B 매우 잘 되었다

C 연말에 열린다　　　　D 유명인을 초대했다

67

해석

매년 3월의 마지막 토요일, 많은 도시가 이날 저녁 7시 반에는 한 시간 동안 등을 꺼서, 그들의 환경 보호에 대한 지지를 나타내고, 동시에 사람들에게 전기 사용을 절약할 것을 일깨우는 데, 이것이 바로 '어스 아워' 캠페인이다.

★ '어스 아워' 캠페인은 사람들이 어떠하기를 희망하는가 :

보기

A 사람들에게 우호적이다　　　B 일찍 자고 일찍 일어난다

C 환경을 보호한다　　　　D 책을 많이 읽는다

68

해석

나는 쟈오 선생님의 법률 수업을 한 교시 들은 후, 이번 학기에 그녀의 수업을 신청하기로 결정했다. 그녀는 수업에서 유머러스하고 재미있는 언어를 사용하여 복잡한 내용을 간단하고 이해하기 쉽게 강의해서, 학생들로 하여금 수월하게 많은 지식을 배우게 한다.

★ 그는 쟈오 선생님의 수업이 어떠하다고 생각하나 :

보기

A 간단하고 이해하기 쉽다　　　B 사람을 긴장시킨다

C 흡입력이 없다　　　　D 내용이 너무 간단하다

69

해석

양양은 학습 성적이 우수하고, 전공과목은 학년에서 1등이다. 그래서 그는 직접 대학원을 신청할 수 있고, 입학시험에 참가할 필요가 없다.

★ 양양은 :

보기

A 의사가 되고 싶다　　　　B 공부가 우수하다

C 장학금을 받았다　　　　D 유학 가려고 한다

70

해석

인터넷은 사람들이 택시 부르는 습관을 바꿨다. 지금 당신은 집에서 휴대 전화를 통해 미리 차를 부를 수 있고, 특히 바람이 불고 비가 올 때 다시는 길에서 힘들게 기다릴 필요가 없다.

★ 이 단락에 근거하여, 사람들은 휴대 전화에서 무엇을 할 수 있나 :

보기

A 탑승권을 프린트한다　　　　B 성적을 조회한다

C 표준어를 배운다　　　　D 택시를 부른다

71

해석

환경을 보호하는 것은 단지 빈말이어서는 안되고, 우리 모든 사람이 주변의 작은 일부터 시작해야 한다. 물과 전기를 낭비하지 말고, 에어컨을 적게 사용하고, 버스와 지하철을 많이 타고, 절약하는 좋은 습관을 길러야 한다.

★ 환경을 보호하기 위해, 우리는 어떻게 해야 하나 :

보기

A 전기 사용을 절약한다　　　　B 담배를 피우지 않는다

C 젓가락을 적게 사용한다　　　　D 가끔 달리기를 한다

72

해석

무슨 일을 하든 관계없이 모두 방향을 잘 선택하고 그런 다음 출발해야 한다. 어떤 사람은 미리 길에 오르지만, 오히려 목적이 없기 때문에 많은 시간을 낭비하고, 마지막에는 후에 출발한 사람을 따라잡지 못한다. 따라서 방향이 없는 사람에게는, 아마도 많은 노력이 소용없는 것일 것이다.

★ 이 단락의 말은 우리에게 어떻게 하라고 알려주는가 :

보기

A 의견을 많이 듣는다　　　　B 업무를 잘 안배한다

C 방향을 잘 선택한다　　　　D 예의가 있다

73

해석

부모가 아동 카시트를 골라 구매할 때는, 품질과 가격을 고려해야 할 뿐만 아니라, 아이의 성별, 나이, 키와 체중 등의 문제를 고려해야 한다. 비싼 것이 반드시 효과가 좋은 것은 아니며, 오직 적합한 것이 가장 좋은 것이다.

★ 아동 카시트를 골라 구매할 때, 무엇을 해서는 안 되나 :

보기

A 판매원의 말을 듣는다　　　　B 너무 가벼운 것을 산다

C 검은색의 것을 고른다　　　　D 오직 가격을 보는 것만 좋아한다

74

해석

이 교수님은 전문적으로 아동 교육을 연구하는데, 그는 매주 금요일마다 우리 학교에 와서 교육 전공의 학생들에게 수업을 한다.

★ 그 교수님은 :

보기

A 뉴스 보는 것을 좋아한다　　　　B 한 주에 한 번 온다

C 경제를 연구한다　　　　D 목소리가 작다

75

해석

자신의 능력을 넘어서는 일에 대해, 우리는 용감하게 포기하는 것을 배워야 한다. 그렇지 않으면 우리는 아마도 많은 시간과 체력을 가치가 없는 일을 하는 데 낭비할 것이다.

★ 자신이 해낼 수 없는 일에 대해, 우리는 어떻게 해야 하나?

보기

A 도와줄 사람을 찾는다   B 능력을 향상시킨다

C 포기하는 것을 배운다   D 용감하게 받아들인다

76

해석

나는 상하이에서 태어났지만, 그러나 초등학교 3학년 때 부모님과 베이징으로 이사했다. 이번에 상하이로 출장을 가서, 나는 마침내 어렸을 때 생활한 적이 있는 곳을 볼 기회가 생겼다.

★ 이번에 그가 상하이로 돌아가는 것은 무엇을 위한 것인가 :

보기

A 출장 간다   B 친척을 만난다

C 조사를 한다   D 결혼한다

77

해석

나는 방향 감각이 매우 떨어지는 사람이다. 날이 맑을 때나는 태양을 근거로 방향을 판단하지만, 그러나 흐린 날은 방법이 없다. 그래서 항상 길을 잃는다. 하지만 휴대 전화 지도가 생긴 후, 날씨가 어떻든 관계없이, 나는 길을 잃지 않게 되었다.

★ 그는 :

보기

A 비 오는 날에 외출하지 않는다   B 지도를 볼 줄 모른다

C 산책을 좋아한다   D 방향 감각이 좋지 않다

78

해석

샤오왕, 듣기로 너는 야구하는 것이 대단하다더라. 회사가 다음 달에 야구 시합을 개최하려고 하는데, 너는 신청하지 않을래? 1등은 15000위안의 상금도 있대.

★ 야구 시합은 :

보기

A 끝났다   B 다음 달에 개최한다

C 신청 사람 수가 많다   D 학교가 개최한다

79

해석

매년 신체검사에서 도대체 무엇을 검사하고 어떻게 검사하는지, 모든 사람이 다 아는 것은 결코 아니다. 사실 일반적인 신체검사를 제외하고, 모든 사람은 자신의 나이, 성별과 직업 등 상황에 따라 신체검사 내용을 추가하여, 한 장의 자신에게 적합한 신체 검사표를 만들어야 한다.

★ 이 단락의 말이 주로 이야기하는 것은 무엇인가 :

보기

A 신체검사 순서   B 신체검사에 대한 건의

C 신체검사의 작용   D 신체검사 과정

80-81

해석

자동차의 선루프는 작용이 크다. 매번 차에 탄 후, 바로 선루프를 열어야 하는데, 이렇게 하면 바깥의 신선하고 깨끗한 공기를 차내로 들어오게 할 수 있을 뿐만 아니라, 또한효과적으로 차내의 오염물질을 감소시킬 수 있다. 여름에 자동차의 차내 온도는 종종 차 바깥보다 더 높은데, 빠르게 차내 온도를 내리려면, 하나의 효과적인 방법이 바로 에어컨을 켜는 것과 동시에 자동차의 선루프를 열어 차내 열기가 모두 빠진 후 그런 다음 선루프를 닫는 것이다.

★ 차에 탄 후 선루프를 열면 무엇을 할 수 있나 :

보기

A 오염을 감소시킨다   B 사람을 유쾌하게 한다

C 방향을 판단한다   D 차내 온도를 올린다

★ 이 단락의 말이 주로 이야기하는 것은 무엇인가?

보기

A 온도를 떨어트리는 방법   B 에어컨의 장점

C 자동차의 특징   D 선루프의 작용

82-83

해석

직업을 선택할 때, 먼저 고려해야 하는 것은 당신이 매달 얼마를 벌 수 있느냐가 아니라, 당신이 그 속에서 얼마나 배울 수 있느냐는 것이다. 특히 막 취업한 사람에게 있어서 가장 중요한 것은 문제를 해결하는 능력을 향상시키고, 사람들과 교류하는 방법을 배우고, 자신의 업무 경험을 풍부하게 하는 것이다. 오직 일하는 과정에서 이러한 책에 없는 것들을 배워야만, 더 큰 발전을 얻을 수 있고, 이것은 얼마를 쓰던 살 수 없는 것이다.

★ 직업을 선택할 때, 먼저 고려해야 하는 것은 :

보기

A 보너스   B 교통 상황

C 무언가를 배울 수 있는지 없는지 D 전공이 적합한지 아닌지

★ 막 취업한 사람에게 있어서, 다음 중 어느 것이 가장 중요한가?

보기

A 경험을 쌓는다   B 이상을 고수한다

C 수입을 증가시킨다   D 좋은 습관을 기른다

84-85

해석

형은 여행하는 것을 좋아하지만, 그러나 '말한다고 바로 가는' 경우는 매우 적다. 여행 전 몇 개월 동안, 그는 자신이 가려고 하는 그 도시의 역사와 문화 방면의 책을 읽기 시작한다. 그는 줄곧 여행의 중점은 지식과 경험을 쌓는 것이고, 오직 이러한 준비를 다 해야만 여행이 더 재미있다고 생각한다.

★ 형은 여행의 좋은 점이 무엇이라고 생각하나 :

보기

A 마음을 편하게 하다   B 지식을 쌓는다

C 추억을 남기다   D 친구를 알게 된다

★ 위의 글에서 '이러한 준비'가 가리키는 것은 :

보기

A 방송을 듣는다   B 일기를 쓴다

C 책을 본다   D 신체를 단련한다

三、书写   쓰기 해석

✅ 第一部分 · 제1부분

86

정답 你戴这个眼镜很好看。

해석 당신이 쓴 이 안경은 예쁘네요.

87

정답 超过一半儿的人按时完成了任务。

해석 반이 넘는 사람이 제때 임무를 완성했다.

88

정답 这里的景色十分吸引我。

해석 이곳의 풍경은 나를 매우 사로잡았다.

89

정답 我十分后悔对她发了脾气。

해석 나는 그녀에게 화낸 것을 매우 후회한다.

90

정답 你能重新讲一遍吗?

해석 당신은 다시 한번 말해줄 수 있습니까?

91

정답 他的书被翻译成了十几种语言。

해석 그의 책은 열 몇 가지 언어로 번역되었다.

92

정답 最让我伤心的是你的态度。

해석 가장 나를 상심하게 하는 것은 당신의 태도입니다.

93

정답 这种药的味道没那么苦。

해석 이 약의 맛은 그렇게 쓰지 않다.

94

정답 请将这些数字按大小顺序重新排列。

해석 이 숫자들을 큰 순서에 따라 새로 배열해주세요.

95

정답 老师的鼓励使他越来越自信。

해석 선생님의 격려는 그로 하여금 갈수록 자신감을 있게 했다.

✅ 第二部分 · 제2부분

96

정답 我大学毕业后成为了一名导游。

해석 나는 대학 졸업 후 한 명의 가이드가 되었다.

97

정답 飞机快降落了。

해석 비행기는 곧 착륙하려고 한다.

98

정답 我把热水倒进杯子里。

해석 나는 뜨거운 물을 컵에 부었다.

99

정답 因为昨天没睡好,所以我今天很困。

해석 어제 잠을 잘 자지 못했기 때문에, 그래서 나는 오늘 졸리다.

100

정답 我在笔记本上写日记。

해석 나는 노트 위에 일기를 쓴다.

모의고사 2회   실전 모의고사 정답

一、听力 듣기

第一部分 제1부분	1	√	2	√	3	×	4	×	5	×
	6	√	7	×	8	√	9	×	10	√
第二部分 제2부분	11	B	12	A	13	C	14	A	15	D
	16	B	17	D	18	C	19	B	20	D
	21	A	22	C	23	D	24	B	25	C
第三部分 제3부분	26	C	27	B	28	D	29	B	30	C
	31	A	32	D	33	B	34	A	35	D
	36	B	37	D	38	C	39	A	40	B
	41	D	42	C	43	A	44	A	45	D

二、阅读 독해

第一部分 제1부분	46	E	47	C	48	F	49	B	50	A
	51	E	52	F	53	A	54	D	55	B
第二部分 제2부분	56	C B A	57	B A C	58	C B A	59	A C B	60	B C A
	61	A B C	62	C A B	63	A B C	64	B A C	65	A C B
第三部分 제3부분	66	D	67	B	68	A	69	C	70	B
	71	D	72	A	73	C	74	D	75	B
	76	C	77	A	78	C	79	D	80	B
	81	A	82	C	83	B	84	A	85	C

三、书写 쓰기

	86	孩子们表演的中国功夫真精彩。
	87	他正在预习下节课的语法。
	88	郊区的房价比市区低。
	89	这次活动由我们和大使馆共同举办。
第一部分 제1부분	90	这个结果让他非常不满意。
	91	妹妹把零钱存到了盒子里。
	92	我保证以后再也不抽烟了。
	93	飞机在首都机场顺利降落了。
	94	东北虎是受到重点保护的动物。
	95	这个问题她解释得很详细。
	96	我在沙发上躺着看书。
	97	桌子太乱了，快收拾一下。
第二部分 제2부분	98	这家店的饺子又香又便宜。
	99	我被爷爷批评了。
	100	虽然这眼镜的价格很贵，但很好看。

모의고사 2회 | 실전 모의고사 해석

一、听力 · 듣기 해석

第一部分 · 제1부분

1

> 这件泳衣虽然看着普通，但是质量却非常好。穿着它游泳，我感觉很舒服。
>
> ★ 他觉得那件游衣不错。

해석

이 수영복은 비록 보기에는 평범하지만, 그러나 품질은 매우 좋다. 그것을 입고 수영을 하면, 나는 편안하다고 느낀다.

★ 그는 그 수영복이 괜찮다고 생각한다. (√)

2

> 我的室友来自南方，他上大学前从来没有见过雪。今年下第一场雪的时候，他兴奋得都要跳起来了。
>
> ★ 室友看到雪以后很兴奋。

해석

내 룸메이트는 남방에서 왔는데, 그는 대학을 다니기 전에 지금까지 눈을 본 적이 없다. 올해 첫 번째 눈이 내렸을 때, 그는 흥분해서 펄쩍 뛰었다.

★ 룸메이트는 눈을 본 이후 흥분했다. (√)

3

> 如果你想去云南旅行，最好别选在7月和8月。因为这两个月雨水多，天气变化快，很容易影响你的旅行计划。
>
> ★ 8月最适合去云南旅游。

해석

만약 당신이 윈난으로 여행을 가고 싶다면, 가장 좋기로는 7월과 8월을 선택하지 않아야 한다. 왜냐하면 이 두 달은 비가 많이 내리고 날씨 변화가 빨라서, 쉽게 당신의 여행 계획에 영향을 준다.

★ 8월은 윈난으로 여행 가기에 가장 적합하다. (X)

4

> 越来越多的父母认识到艺术教育非常重要，是儿童教育中不可缺少的一部分，必须在孩子很小的时候就重视起来。
>
> ★ 很多父母认为艺术教育不重要。

해석

갈수록 많은 부모는 예술 교육이 매우 중요하고, 아동 교육에서 없어서는 안 되는 일부분이며, 반드시 아이가 어렸을 때 중시해야 한다는 것을 인식하게 되었다.

★ 많은 부모는 예술 교육이 중요하지 않다고 생각한다. (X)

5

> 这周六你有空吗？亲戚送了我音乐会的门票，地点就在首都体育馆，你陪我一起去吧。
>
> ★他礼拜六想去体育馆打网球。

해석

이번 주 토요일에 너는 시간이 있니? 친척이 나에게 음악회 입장표를 선물해줬는데, 장소는 수도 체육관이야. 네가 나와 함께 가자.

★ 그는 토요일에 체육관에 가서 테니스를 치고 싶다. (X)

6

姐姐平时成绩很一般，但没想到她竟然考上
了一个很不错的大学。这个消息让我们
一家人都非常开心。

★ 姐姐考上了大学。

해석

누나는 평소에 성적이 평범하지만, 그러나 생각지도 못하게
그녀는 뜻밖에 괜찮은 대학에 합격했다. 이 소식은 우리 가족
들을 매우 기쁘게 했다.

★ 누나는 대학에 합격했다. （ √ ）

7

哥，咱们弄错方向了，去东边的公共汽车该
在对面坐。正好前边有个天桥，我们从那儿
过马路吧。

★ 他们要坐火车。

해석

형, 우리 방향을 잘못 알았어. 동쪽으로 가는 버스는 맞은편에
서 타야 해. 마침 앞에 육교가 있으니, 우리 그곳으로 찻길을
건너자.

★ 그들은 기차를 타려고 한다. （ X ）

8

中国不同省的人在吃的方面各有特点。比
如，四川人爱吃辣，山西人爱吃酸，山东人爱
吃咸。

★ 山西人爱吃酸。

해석

중국의 서로 다른 성의 사람들은 먹는 방면에서 각자 특징이
있다. 예를 들어, 쓰촨 사람은 매운 것 먹는 것을 좋아하고,
산시 사람은 신 것 먹는 것을 좋아하고, 산둥 사람은 짠 것
먹는 것을 좋아한다.

★ 산시 사람은 신 것 먹는 것을 좋아한다. （ √ ）

9

小李，这篇文章有好几个错误，你竟然都没
发现，实在是太粗心了。

★ 文章中的错误都被小李找出来了。

해석

샤오리, 이 글은 몇 개의 오류가 있는데, 너는 뜻밖에도 발견
하지 못했다니, 정말이지 너무 부주의하구나.

★ 글 속의 오류는 모두 샤오리에 의해 찾아내어 졌다. （ X ）

10

抱歉，小姐。这个不能带，森林内禁止
用火。周围到处都是树和花草，很容易发生
危险。

★ 森林里不允许用火。

해석

죄송합니다. 아가씨. 이것은 휴대할 수 없고, 삼림 내에서는 불
을 사용하는 것을 금지합니다. 주위 모든 곳이 다 나무와 화초라
서, 매우 쉽게 위험이 발생합니다.

★ 삼림 안에서는 불을 사용하는 것을 허락하지 않는다. （ √ ）

✓ 第二部分 · 제2부분

11

男：喂，我把今天中午见面的地址发你手机
　　上了，你看到了吗？

女：我实在太忙了，没注意看短信。

问：女的是什么意思？

A 电话占线　　　　B 没看短信

C 手机没响　　　　D 没收到短信

해석

남: 여보세요, 내가 오늘 정오에 만날 주소를 네 휴대 전화로
　　보냈는데, 너는 봤어?

여: 내가 정말이지 너무 바빠서, 문자 메시지 보는 것에 주의
　　하지 못했어.

질문: 여자는 무슨 뜻인가?

보기

A 전화가 통화 중이다　　　B 문자 메시지를 못 봤다

C 휴대 전화가 울리지 않았다　D 문자 메시지를 받지 못했다

12

女：李刚，祝贺你在这次网球大赛中获得了
　　第一名。

男：谢谢王老师。感谢您这段时间对我的支
　　持和鼓励。

问：男的在什么比赛中获奖了？

A 网球　B 功夫　C 羽毛球　D 民族舞

해석

여: 리깡, 네가 이번 테니스 대회에서 1등 한 것을 축하한다.

남: 왕 선생님, 고맙습니다. 선생님의 이 기간 동안 저에 대한
　　지지와 격려에 감사합니다.

질문: 남자는 무슨 대회에서 상을 받았나?

보기

A 테니스　　　B 무술　　　C 배드민턴　　　D 민족춤

13

男：礼拜日我有一个重要的约会，我该准备
　　些什么呢？

女：我觉得你应该先去把头发理理，你的
　　头发看起来有点儿乱。

问：女的建议男的怎么做？

A 自信点儿　　　　B 带礼物

C 去理发　　　　　D 穿正式些

해석

남: 일요일에 저는 중요한 데이트가 있는데, 무엇을 준비해야
　　할까요?

여: 제 생각에는 당신은 먼저 머리를 이발하러 가야 할 것
　　같아요. 당신의 머리카락은 보기에 좀 지저분해요.

질문: 여자는 남자에게 어떻게 하라고 건의했나?

보기

A 자신감을 좀 가진다　　　B 선물을 가져간다

C 이발하러 간다　　　　　D 좀 정식적으로 입는다

14

女：你干什么去了？怎么弄得满头大汗？

男：我刚去打羽毛球了。快给我拿条毛巾吧。

问：男的让女的帮忙做什么？

A 拿毛巾　B 洗碗　C 打扫厨房　D 扔垃圾

해석

여: 너는 무엇을 하러 갔었니? 어째서 온 머리가 땀으로 젖었
　　어?

남: 나는 막 배드민턴 치러 갔었어. 얼른 나에게 수건 하나
　　가져다줘.

질문: 남자는 여자에게 무엇을 하는 것을 도와달라고 했나?

보기

A 수건을 가져다준다　　　B 그릇을 씻는다

C 주방을 청소한다　　　　D 쓰레기를 버린다

15

男: 你好，我这封信要寄去海南，应该买多少钱的邮票？

女: 寄到省外的信买这种一块五的就行。

问: 他们现在最可能在哪儿？

A 加油站　　B 机场　　C 车站　　D 邮局

해석

남: 안녕하세요. 저는 이 편지를 하이난으로 부치려고 하는데, 얼마짜리 우표를 사야 하나요?

여: 성 밖으로 부치는 편지는 이런 1위안 5(마오)의 것을 사면 됩니다.

질문: 그들은 지금 어디에 있을 가능성이 가장 큰가?

보기

A 주유소　　　　B 공항　　　　C 정류소　　　D 우체국

16

女: 真是没想到，四年的大学生活竟然这么快就结束了。

男: 是啊。以后去外地工作，估计很难常回学校了。

问: 关于女的，可以知道什么？

A 准备留学　　　　　B 已经毕业了

C 要去应聘　　　　　D 正在报名

해석

여: 정말 생각지도 못했어. 4년의 대학 생활이 뜻밖에 이렇게 빨리 끝나다니.

남: 그러게. 앞으로 외지에 가서 일을 하면, 짐작하기로 자주 학교로 돌아오긴 힘들 거야.

질문: 여자에 관해, 무엇을 알 수 있나?

보기

A 유학할 준비 중이다　　　B 이미 졸업했다

C 면접을 보러 간다　　　　D 신청하고 있는 중이다

17

男: 你网球打得真棒！学了很长时间吧？

女: 是。我爷爷原来是体育老师，专门教学生打网球。我从小就跟着他学。

问: 女的是跟谁学的打网球？

A 演员　　B 叔叔　　C 教授　　D 爷爷

해석

남: 너는 테니스를 정말 잘 치는구나! 오랫동안 배운 거지?

여: 응, 우리 할아버지가 원래 체육 선생님이셨는데, 전문적으로 학생들에게 테니스 치는 것을 가르치셨어. 나는 어렸을 때부터 그를 따라 배웠어.

질문: 여자는 누구에게 테니스 치는 것을 배운 것인가?

보기

A 연기자　　　　B 삼촌　　　C 교수　　　D 할아버지

18

女: 你平时那么爱跑步，不参加国际长跑节，实在太可惜了。

男: 没办法。我那天正好要参加一家广告公司的招聘。

问: 男的为什么不参加长跑节？

A 要赶火车　　　　　B 忘记报名了

C 要去应聘　　　　　D 腿疼

해석

여: 당신은 평소에 그렇게 달리기를 좋아하는데, 국제 장거리 달리기 대회에 참가하지 않는 것은, 정말이지 너무 아쉬워요.

남: 방법이 없어요. 제가 그날 마침 한 광고 회사의 채용에 참가해야 해요.

질문: 남자는 왜 장거리 달리기 대회에 참가하지 않나?

보기

A 기차를 타야 한다　　　　B 신청하는 것을 잊었다

C 채용에 참가하러 가야 한다　　D 다리가 아프다

19

男：我们好像迷路了，应该不是这条街。

女：别担心，我重新查一下手机地图。

问：他们最可能怎么了？

A 没带相机　　　　B 迷路了

C 写错地址了　　　D 没找到座位

해석

남: 우리는 길을 잃은 것 같아. 이 길이 아닐 거야.

여: 걱정하지 마. 내가 다시 휴대 전화 지도를 찾아볼게.

질문: 그들은 어떻게 되었을 가능성이 가장 큰가?

보기

A 카메라를 가져가지 않았다　　B 길을 잃었다

C 주소를 잘못 적었다　　　　D 좌석을 찾지 못했다

20

女：先生，请问，中国大使馆怎么走？

男：从这儿走到第一个路口后左转，然后再往前走五六百米就到了。

问：女的要去哪儿？

A 森林公园　　　　B 邮局

C 图书馆　　　　　D 大使馆

해석

여: 선생님, 실례합니다. 중국 대사관은 어떻게 가나요?

남: 여기에서 첫 번째 갈림길까지 걸어간 후 좌회전하고, 그런 후에 다시 앞쪽으로 5, 6백 미터(m) 걸어가면 도착해요.

질문: 여자는 어디에 가려고 하는가?

보기

A 삼림공원　　　B 우체국　　　C 도서관　　　D 대사관

21

男：换了新工作还适应吗？

女：挺好的。同事对我很热情，工作也比较顺利。

问：关于女的，可以知道什么？

A 换工作了　　　　B 工作很累

C 烦恼很多　　　　D 成为经理了

해석

남: 새 직장으로 옮기고 적응했나요?

여: 매우 좋아요. 동료들이 저에게 친절하고, 업무도 비교적 순조로워요.

질문: 여자에 관해, 무엇을 알 수 있나?

보기

A 직업을 바꾸었다　　　　　B 업무가 힘들다

C 근심이 많다　　　　　　　D 사장이 되었다

22

女：服务员，这盘饺子凉了，能重新热一下吗？

男：好的，您稍等。

问：对话最可能发生在哪儿？

A 洗手间　　B 邮局　　C 饭店　　D 水果店

해석

여: 종업원, 이 만두가 차가워졌는데 다시 좀 데워주실 수 있나요?

남: 네, 잠시만 기다려주세요.

질문: 대화는 어디에서 발생했을 가능성이 가장 큰가?

보기

A 화장실　　　B 우체국　　　C 식당　　　D 과일가게

23

男：我父母一会儿要来看我的演出，这是他们第一次来，我很紧张。

女：你放松点儿。我相信他们都会为你骄傲的。

问：女的希望男的怎么样？

A 别发脾气　　　B 别放弃

C 笑一笑　　　　D 放轻松

해석

남: 우리 부모님이 잠시 후 나의 공연을 보러 오실 텐데, 이것은 그들이 처음 오시는 것이라, 나는 긴장돼.

여: 너는 긴장을 좀 풀어. 나는 그분들이 너로 인해 자랑스러워할 것이라고 믿어.

질문: 여자는 남자가 어떠하기를 희망하는가?

보기

A 화를 내지 마라　　　　B 포기하지 마라

C 좀 웃어라　　　　　　D 긴장을 풀어라

24

女：我不小心把儿子的出生证明弄丢了，怎么办？

男：没关系，去他出生的医院重新开一份好了。

问：什么东西不见了？

A 钥匙　　B 出生证明　　C 登机牌　　D 护照

해석

여: 나는 부주의하게 아들의 출생 증명서를 잃어버렸는데, 어떡하죠?

남: 괜찮아요. 그가 출생한 병원에 가서 다시 한 부 발급하면 돼요.

질문: 무슨 물건이 보이지 않는가?

보기

A 열쇠　　　B 출생 증명서　　　C 탑승권　　　D 여권

25

男：小伟，507床的病人是你负责的吧？他今天情况怎么样？

女：打完针后他的体温已经正常了。

问：病人的情况怎么样？

A 有生命危险　　　B 不咳嗽了

C 体温正常了　　　D 腿更疼了

해석

남: 샤오웨이, 507(호) 병상의 환자는 당신이 책임지는 거죠? 그는 오늘 상황이 어떤가요?

여: 주사를 맞고 난 후 체온이 이미 정상이 되었습니다.

질문: 환자의 상황은 어떠한가?

보기

A 생명의 위험이 있다　　　　B 기침하지 않게 되었다

C 체온이 정상이 되었다　　　D 다리가 더 아프다

✅ 第三部分 · 제3부분

26

女：最近怎么总见你在网上看家具？

男：我妹妹搬新家了。我想买件家具送她，但不知道买什么好。

女：你可以看看沙发，还有餐桌、餐椅。

男：好的，谢谢你的建议。

问：男的想送谁家具？

A 奶奶　　B 爸爸　　C 妹妹　　D 邻居

해석

여: 최근에 어째서 항상 당신이 인터넷에서 가구 보는 것을 보게 되죠?

남: 제 여동생이 새로운 집으로 이사했어요. 저는 가구를 사서 그녀에게 선물하고 싶은데, 그러나 무엇을 사야 좋을지 모르겠어요.

여: 당신은 소파를 좀 봐도 되고, 또 식탁과 식탁 의자도 있어요.

남: 좋아요. 당신의 제안에 감사해요.

질문: 남자는 누구에게 가구를 선물하고 싶나?

보기

A 할머니　　　B 아빠　　　C 여동생　　　D 이웃

27

男：你们学校是不是来了一个新老师？

女：对。一个年轻的小伙子，是教育学硕士。

男：他的课上得怎么样？

女：我听过一次，特别精彩。学生们都很喜欢他。

问：女的觉得新来的老师怎么样？

A 缺少耐心　　　B 讲课很精彩

C 很懒　　　D 长得特别帅

해석

남: 너희 학교에 한 명의 새 선생님께서 오셨어?

여: 맞아. 한 명의 젊은 청년이고, 교육학 석사야.

남: 그의 수업은 어때?

여: 나는 한 번 들은 적이 있는데, 매우 훌륭했어. 학생들은 모두 그를 매우 좋아해.

질문: 여자는 새로 온 선생님이 어떠하다고 생각하나?

보기

A 인내심이 부족하다　　　B 수업하는 것이 훌륭하다

C 게으르다　　　D 매우 잘생겼다

28

女：把香蕉皮扔到垃圾桶里去，以后别随便扔东西。

男：知道了，妈妈。

女：数学作业写完了吗？

男：没呢。我先出去玩一会儿，您在家休息吧。

问：根据对话，可以知道什么？

A 香蕉不好吃　　　B 儿子去上课

C 天黑了　　　D 作业没写完

해석

여: 바나나 껍질은 쓰레기통에 버리렴. 앞으로는 함부로 물건(쓰레기)을 버리지 마라.

남: 알았어요. 엄마.

여: 수학 숙제는 다 했니?

남: 아직이요. 저는 먼저 나가서 잠시 놀 거예요. 엄마는 집에서 쉬세요.

질문: 대화에 관해, 무엇을 알 수 있나?

보기

A 바나나는 맛이 없다　　　B 아들은 수업하러 간다

C 날이 어두워졌다　　　D 숙제를 다 하지 못했다

29

男：你怎么了？心情不好？

女：工作上出了错，被批评了。

男：没关系。下次注意就好了。

女：是我太粗心了，本来不该出错的。

问：女的觉得自己为什么会出错？

A 不够冷静　　　B 太马虎

C 太笨　　　D 缺少经验

해석

남: 너는 어떻게 된 거야? 기분이 안 좋니?

여: 업무상 실수를 해서, 야단맞았어.

남: 괜찮아. 다음번에 주의하면 돼.

여: 내가 너무 부주의했어. 본래 실수가 생겨서는 안 되는 것이었거든.

질문: 여자는 자신이 왜 실수가 생겼다고 생각하는가?

A 충분히 침착하지 못하다   B 너무 세심하지 못하다

C 너무 멍청하다   D 경험이 부족하다

30

| 女: 小陈, 祝贺你。 |
| 男: 祝贺我? 为什么? |
| 女: 你获得了这学期的奖学金。难道你还
不知道? |
| 男: 啊? 真的吗? 我还没收到学校的通知。 |
| 问: 根据对话, 下列哪个正确? |
| A 女的误会了   B 男的很得意 |
| C 男的很吃惊   D 还没出结果 |

해석

여: 샤오천, 축하해.

남: 축하한다고? 왜?

여: 너는 이번 학기 장학금을 탔어. 설마 너는 아직 몰랐던 거야?

남: 응? 정말이야? 나는 아직 학교의 통지를 받지 못했어.

질문: 대화에 근거하여, 다음 중 어느 것이 옳은가?

보기

A 여자가 오해했다   B 남자는 의기양양하다

C 남자는 놀랐다   D 아직 결과가 나오지 않았다

31

| 男: 你怎么买了这么多葡萄? 天气热, 坏了
多可惜。 |
| 女: 别担心。我准备拿其中一部分做葡萄酒呢。 |
| 男: 你会吗? 感觉很复杂呀。 |
| 女: 我朋友给我写了详细的做法。只要按照
上面写的做, 应该没问题。 |
| 问: 女的打算用葡萄做什么? |

| A 酒   B 蛋糕   C 饼干   D 果汁 |

해석

남: 당신은 어째서 이렇게 많은 포도를 샀어요? 날씨가 더운데, 상하면 얼마나 아까워요.

여: 걱정 마세요. 나는 그중 일부는 포도주를 만들 계획이에요.

남: 할 줄 알아요? 느낌에 복잡하던데.

여: 제 친구가 제게 상세한 방법을 써줬어요. 위에 적힌 대로 하기만 하면 문제없을 거예요.

질문: 여자는 포도주로 무엇을 만들 계획인가?

보기

A 술   B 케이크   C 비스킷   D 과일주스

32

| 女: 听说您没有专门学过表演, 那您怎么会
选择当演员呢? |
| 男: 有一次我陪朋友去面试演员。结果, 我
俩都被选上了。 |
| 女: 那您选择演员这个职业后觉得辛苦吗? |
| 男: 挺辛苦的。但看到那么多人支持我, 我
就觉得一切都是值得的。 |
| 问: 关于男的, 可以知道什么? |
| A 从小学表演   B 是位作家 |
| C 不适合唱歌   D 是位演员 |

해석

여: 듣기로 당신은 전문적으로 공연을 배운 적이 없다던데. 그럼 당신은 어떻게 연기자가 되기로 선택한 거죠?

남: 한 번은 제가 친구 따라가서 연기자 면접을 봤습니다. 결과적으로 우리 두 사람 모두 선발되었습니다.

여: 그럼 당신은 연기자라는 이 직업을 선택한 후 힘들다고 느끼나요?

남: 매우 힘듭니다. 그러나 그렇게 많은 사람이 저를 지지하는 것을 보면, 저는 모든 것이 가치 있는 것이라고 생각합니다.

질문: 남자에 관해, 무엇을 알 수 있나?

보기

A 어렸을 때부터 연기를 배웠다　　　　B 작가이다

C 노래를 부르는 것에 적합하지 않다　　D 연기자이다

33

男： 听说你前段时间在学开车，考试通过了吗？

女： 通过了。但我还不太敢一个人在路上开。

男： 有空儿的时候多练练。有经验就不会害怕。

女： 是的，我现在经常开我爸的车，在家附近转。

问： 男的建议女的怎么做？

A 先通过考试　　　　B 找时间练车

C 买辆新车　　　　　D 走高速公路

해석

남: 듣기로 당신은 요즘 운전을 배우고 있다던데, 시험은 통과했어요?

여: 통과했어요. 하지만 저는 아직 혼자 길에서 운전할 용기가 그다지 없어요.

남: 시간이 있을 때 많이 연습해요. 경험이 생기면 두렵지 않을 거예요.

여: 네. 저는 지금 자주 우리 아빠의 차를 몰고, 집 주변을 돌아다녀요.

질문: 남자는 여자에게 어떻게 할 것을 건의했나?

보기

A 먼저 시험을 통과한다　　B 시간을 내어 운전 연습을 한다

C 한 대의 새 차를 산다　　D 고속도로로 간다

34

女： 你寒假去海南玩儿了？那儿怎么样？

男： 景色美极了。而且比哈尔滨暖和多了。

女： 是啊，南方和北方的气候真不一样！

男： 确实是。哈尔滨都下雪了，那儿温度还很高。

问： 他们在谈什么？

A 气候　　　　　B 语言

C 民族文化　　　D 交通情况

해석

여: 너는 겨울 방학에 하이난에 놀러 갔었니? 그곳은 어때?

남: 경치가 매우 아름다워. 게다가 하얼빈보다 훨씬 따뜻해.

여: 맞아. 남방과 북방의 기후는 정말 달라!

남: 확실히 그래. 하얼빈은 벌써 눈이 오는데, 그곳은 온도가 아직도 높더라.

질문: 그들은 무엇을 이야기하고 있나?

보기

A 기후　　　B 언어　　　C 민족문화　　　D 교통상황

35

男： 怎么样？还能继续跑吗？

女： 没事儿，就是腿擦破了点儿皮。

男： 你小心点儿。要是疼得厉害，马上去医院看看。

女： 好的，放心吧。

问： 女的哪里擦破皮了？

A 肚子　　B 嘴　　C 胳膊　　D 腿

해석

남: 어때요? 아직 계속 뛸 수 있겠어요?

여: 괜찮아요. 단지 다리에 찰과상을 좀 입었어요.

남: 조심해요. 만약 심하게 아프면, 바로 병원에 가서 진찰해 보세요.

여: 괜찮아요. 안심하세요.

질문: 여자는 어디에 찰과상을 입었나?

보기

A 배　　　　B 입　　　　C 팔　　　　D 다리

36-37

有家矿泉水公司做了一个调查，发现人们喝矿泉水时经常不喝完，会剩下半瓶，甚至更多。这样非常浪费。为了节约用水，这家公司推出了一种瓶子里只有半瓶水的矿泉水，受到了人们的欢迎。

36. 问：那个调查发现人们喝矿泉水时经常怎么样？

A 爱放糖　　　　B 浪费严重

C 瓶子乱扔　　　D 全部喝光

37. 问：那家公司新推出的矿泉水有什么特点？

A 第二瓶免费　　B 儿童爱喝

C 味道多样　　　D 只有半瓶水

해석

한 광천수 회사가 조사를 해서, 사람들이 광천수를 마실 때 종종 다 마시지 않고 반병, 심지어는 더 많이 남긴다는 것을 발견했다. 이렇게 되면 매우 낭비이다. 물 사용을 절약하기 위해, 이 회사는 병 안에 겨우 반병의 물이 들어있는 광천수를 출시했고, 사람들의 환영을 받았다.

36. 질문: 그 조사는 사람들이 광천수를 마실 때 종종 어떻다는 것을 발견했나?

보기

A 설탕을 넣기를 좋아한다　B 낭비가 심각하다
C 병을 마음대로 버린다　　D 전부 다 마신다

37. 질문: 그 회사가 새롭게 출시한 광천수는 무슨 특징이 있나?

보기

A 두 번째 병은 무료이다　　B 아이들이 마시기 좋아한다
C 맛이 다양하다　　　　　　D 겨우 반병의 물만 들어있다

38-39

哥哥放弃了一份高收入的工作，开了一家网店，刚开始家人都很反对。但后来发现他每天都比以前上班时轻松快乐，而且网店的生意也不错。于是家人就改变了看法，开始支持他的决定。

38. 问：关于哥哥原来的工作，可以知道什么？

A 压力很大　　　　B 十分危险

C 工资很高　　　　D 下班早

39. 问：家人现在对哥哥开网店是什么态度？

A 支持　　B 失望　　C 怀疑　　D 同情

해석

형은 고수입의 직업을 포기하고 인터넷 쇼핑몰을 열었는데, 처음에는 가족들 모두 반대했다. 그러나 후에 그가 매일 이전에 출근할 때보다 홀가분하고 즐거우며, 게다가 인터넷 쇼핑몰의 장사도 괜찮다는 것을 발견했다. 그래서 가족들은 생각을 바꿔, 그의 결정을 지지하기 시작했다.

38. 질문: 형의 원래 직업에 관해, 무엇을 알 수 있나?

보기

A 스트레스가 크다　　　B 매우 위험하다
C 월급이 높다　　　　　D 퇴근이 이르다

39. 질문: 가족은 현재 형이 개업한 인터넷 쇼핑몰에 대해 어떤 태도인가?

보기

A 지지한다　　B 실망했다　　C 의심한다　　D 동정한다

40-41

西红柿刚被发现时没人敢吃。因为它颜色鲜红，人们担心吃了会有生命危险。直到1830年有人吃了西红柿不仅没有死，而且还发现西红柿非常美味。从那时候起，人们才开始接受西红柿。

40. 问：西红柿刚被发现时，人们担心吃了会怎么样？

A 引起咳嗽　　　　B 有生命危险

C 变胖　　　　　　D 脸色变差

41. 问：西红柿是从哪一年开始被人接受的？

A 1720年　　　　　B 1930年

C 1900年　　　　　D 1830年

> **해석**

토마토가 막 발견되었을 때 아무도 먹으려 하지 않았다. 왜냐하면 그것의 색깔이 선명한 빨간색이어서, 사람들은 생명에 위험이 있을까 걱정했기 때문이다. 1830년에 누군가 토마토를 먹고 죽지 않았을 뿐만 아니라, 게다가 토마토가 매우 맛있다는 것을 발견할 때까지, 사람들은 먹으면 생명의 위험이 있을까 걱정했다. 그때부터 시작해서 사람들은 그제야 토마토를 받아들이기 시작했다.

40. 질문: 토마토가 막 발견되었을 때, 사람들은 먹으면 어떠할 것이라고 걱정했나?

> **보기**

A 기침을 야기한다　　　　B 생명의 위험이 있다

C 뚱뚱하게 변한다　　　　D 안색이 안 좋게 변한다

41. 질문: 토마토는 어느 해부터 사람들에게 받아들여지기 시작했나?

> **보기**

A 1720년　　　B 1930년　　　C 1900년　　　D 1830년

42-43

有个小朋友生病住院了，他非常紧张。医生为了让他放松下来就骗他说："没事，我小时候也得过和你一样的病。你看，我现在不是健健康康的吗？"小朋友听了之后不好意思地问："那能不能把给你看病的那位医生介绍给我？我也想让他给我看病。"

42. 问：医生为什么要骗小朋友？

A 觉得好玩儿　　　B 可怜他

C 想让他放松　　　D 护士建议的

43. 问：小朋友的话是什么意思？

A 想换医生　　　　B 不愿吃药

C 计划出院　　　　D 害怕生病

> **해석**

어떤 어린이가 병이 나서 입원했고, 그는 매우 긴장했다. 의사는 그로 하여금 긴장을 풀게 하기 위해 그를 속여서 말했다. "괜찮아. 나도 어렸을 때 너와 같은 병에 걸린 적이 있단다. 보렴, 나는 지금 아주 건강하지 않니?" 어린이는 들은 후 미안하다는 듯 물었다. "그럼 당신을 치료해 준 그 의사를 저에게 소개해주실 수 있나요? 저도 그에게 저를 치료하도록 하고 싶어요."

42. 질문: 의사는 왜 어린이를 속이려고 했나?

> **보기**

A 재미있다고 생각했다　　　　B 그를 동정했다

C 그가 긴장이 풀리게 하고 싶었다

D 간호사가 건의한 것이다

43. 질문: 어린이의 말은 무슨 뜻인가?

> **보기**

A 의사를 바꾸고 싶다　　　　B 약을 먹고 싶어 하지 않는다

C 퇴원할 계획이다　　　　　　D 병이 나는 것이 두렵다

44-45

很多人一遇到复杂的问题就头疼，马上就想放弃。其实我们只要多点儿耐心，把复杂的问题分开来看，就会发现它们只是一个个简单的问题。把大事变成小事，问题也许就不难解决了。

44. 问：很多人遇到复杂的问题时会怎么样？

A 想要放弃　　　　B 故意迟到

C 拒绝解决　　　　D 感到危险

45. 问：这段话告诉我们解决问题需要什么？

A 责任心　　B 顺序　　C 力气　　D 耐心

해석

많은 사람이 복잡한 문제를 만나자마자 머리를 아파하고 바로 포기하고 싶어 한다. 사실 우리가 좀 더 인내심을 갖고 복잡한 문제를 분리해서 보기만 하면, 그것들이 단지 하나 하나의 간단한 문제라는 것을 발견하게 된다. 큰일을 작은 일로 변화시키면, 문제는 아마도 해결하기 어렵지 않게 될 것이다.

44. 질문: 많은 사람은 복잡한 문제를 만났을 때 어떠한가?

보기

A 포기하고 싶다　　　　B 고의로 지각한다

C 해결하기를 거절한다　　D 위험을 느낀다

45. 질문: 이 단락의 말은 우리에게 문제를 해결하려면 무엇을 필요로 하는지 알려주는가?

보기

A 책임감　　　　B 순서　　　　C 힘　　　　D 인내심

二、阅读　　독해 해석

✓ 第一部分 · 제1부분

46-50

46

해석

내 남편은 여기 겨울의 기후에 E 적응하지 못한다.

47

해석

우리 집은 그곳에서 멀지 않아서, 운전해서 15분 C 정도면 된다.

48

해석

왕 선생님은 학생들에게 F 엄격할 뿐만 아니라, 자신의 아이에게도 이러하다.

49

해석

이렇게 오랫동안 걸었는데 우체국을 보지 못하다니, 설마 우리 B 길을 잃은 거야?

50

해석

그 책은 내가 당신을 위해 빌릴게요. 우리 집 A 맞은편이 바로 성(省) 도서관이라 편리해요.

51-55

51

> **해석**

A: 왜 이 한 E 그루의 나무는 오른쪽의 잎이 왼쪽보다 많죠?

B: 왜냐하면 그것의 오른쪽이 태양을 향해 있어서, 잎이 당연히 좀 많아요.

52

> **해석**

A: 정말 네가 F 부러워. 이렇게 빨리 비자를 발급했네.

B: 너는 조급해하지 마. 네 것도 곧 될 거야.

53

> **해석**

A: 당신은 제 번호가 없으세요? 뜻밖에도 제가 누군지 모르시다니.

B: 제가 막 휴대 전화를 바꿔서, 번호를 아직 저장할 A 시간이 있지 않았어요.

54

> **해석**

A: 다음 교시의 문화 수업을 너는 예습했어?

B: 아니. 어제 나는 너무 졸려서, 숙제 D 조차도 하지 않고 잠들었어.

55

> **해석**

A: 당신은 최근에 어째서 항상 야근하나요? 당신이 B 제때 퇴근하는 것을 보지를 못했어요.

B: 방법이 없어요. 회사에 지금 사람이 부족하고, 연말의 임무는 또 많아졌거든요.

☑ 第二分 · 제2부분

56

> **해석**

C 시간은 모든 사람에게 다 같은 것이다

B 그러나 같은 시간 속에서, 어떤 사람은 많은 일을 완성하고

A 어떤 사람은 한 가지 일조차도 잘 해내지 못해서 헛되이 시간을 낭비한다

57

> **해석**

B 작은 도시는 사계절의 풍경이 모두 아름답고

A 게다가 환경도 잘 보호되어 있다

C 따라서 매년 수천수만의 여행객이 그곳에 여행하러 가도록 매료시킨다

58

> **해석**

C 이 편지 봉투는 나에게 매우 중요하다

B 안에는 내가 매번 여행했던 차표가 들어 있는데

A 그것들은 모두 내가 잊기 힘든 아름다운 추억이다

59

> **해석**

A 비록 마 교수님께서 미처 오시지는 못했지만

C 그러나 그는 나더러 선물을 가져가서 당신에게 주라고 했어요

B 그는 당신이 이 연구를 위해 한 노력에 매우 감사하다고 말했어요

60

> **해석**

B 우리 집 부근에 빵집이 하나 있고

C 내가 마침 빵 먹는 것을 매우 좋아한다. 그래서 종종 가서 사는데

A 지금은 가게의 빵을 만드는 제빵사조차도 나를 알게 되었다

61

해석

A 이 영화제는 일찍부터 개최되기 시작했고, 매우 긴 역사가 있다

B 연기자들에게 있어서

C 그것의 초대를 받을 수 있는 것은 그들에 대한 일종의 긍정적 평가이다

62

해석

C 이 표는 사람마다 겨우 한 부만 있기 때문에

A 그래서 모두 먼저 연필로 기입하기를 건의합니다

B 만약 조심하지 않아 잘못 기입한다면 지울 수 있으니까요

63

해석

A 선생님께서 이 수업의 어법은 내용이 어려우니

B 우리가 가장 좋기로는 예습을 좀 해야 하고

C 그렇지 않으면 내일 수업할 때 아마 알아듣지 못할 것이라고 말씀하셨어

64

해석

B 나는 어렸을 때 이 도시에서 9년을 생활했는데

A 생각지도 못하게 이렇게 오랫동안 떠났는데 단지 다시 돌아오기만 하니

C 모든 것이 여전히 그렇게 익숙하다고 느껴진다

65

해석

A 내가 보기에 한 사람의 능력의 높고 낮음은

C 여러 방면의 영향을 받는다

B 예를 들면 교육 수준, 업무 경력 등이다

✓ 第三部分 · 제3부분

66

해석

　몇 년간 일한 후, 나는 자신이 우수한 변호사로부터 아직 매우 먼 거리가 있음을 발견하게 되었다. 그래서 나는 내년에 일을 하면서 박사 과정을 밟고, 업무 속에서 경험을 쌓고 능력을 향상시킴과 동시에, 더 많은 책의 지식을 사용해 자신을 풍부하게 할 계획이다.

★ 이 단락의 말에 근거하여, 그가 어떤 것을 알 수 있나?

보기

A 다른 도시로 가고 싶다　　　　B 여러 가지 언어를 할 줄 안다

C 석사를 다 끝내지 못했다　　　D 박사 과정을 밟을 계획이다

67

해석

　우리는 옷을 입을 때 자신의 특징이 있어야 하며, 다른 사람이 입는다고 따라 입어서는 안 된다. 관건은 자신에게 적합해야 하는 것이다.

★ 옷을 입는 방면에서, 우리는 무엇을 선택해야 하나?

보기

A 운동하는 것　　　　　　　　B 자신에게 적합한 것

C 정식적인 것　　　　　　　　D 보기 좋은 것

68

해석

　여동생은 이전에 매우 부끄럼을 타서, 누구와 얘기해도 쉽게 얼굴이 빨개졌다. 생각지도 못하게 대학에 들어간 후, 그녀는 뜻밖에 이렇게 활발하게 변해서, 너무나도 사람들을 놀라게 만들었다.

★ 여동생의 변화에 대해, 그녀는?

보기

A 매우 놀랐다　　　　　　　　B 아주 실망했다

C 상심했다　　　　　　　　　D 매우 동정했다

69

해석

중국 기자의 날은 10월 8일이다. 이 기념일은 2000년에 시작해서 지금까지 이미 18년이 되었다. 기자의 날과 간호사의 날, 스승의 날은 중국에 현재 있는 세 가지 직업 기념일이다.

★ 이 단락의 말이 이야기하는 것은 무엇인가?

보기

A 기자의 책임　　　　　B 경쟁력

C 직업 기념일　　　　　D 간호사의 고민

70

해석

아들은 야구하는 것을 매우 좋아해서, 시간만 있으면 하러 간다. 남편은 이렇게 하는 것이 매우 시간을 낭비하는 것이라고 생각해서, 아들이 야구하는 것을 포기하고 열심히 공부하기를 희망한다. 그러나 나는 아이가 이 연령에는 자신이 흥미를 느끼는 일을 해야 한다고 생각한다.

★ 화자는 아들이 야구하는 것에 대해 어떤 태도인가?

보기

A 비판한다　　　　　　B 지지한다

C 의심한다　　　　　　D 관심을 갖지 않는다

71

해석

어렸을 때부터 남동생의 이상은 자란 후 우수한 아나운서가 되는 것이다. 표준적인 표준어를 말하기 위해, 그는 매일 아침 반시간을 써서 발음을 연습한다.

★ 남동생은 매일 아침 반시간을 써서 무엇을 하나?

보기

A 나가서 산책한다　　　B 노래 부르는 것을 연습한다

C 뉴스를 본다　　　　　D 발음을 연습한다

72

해석

그녀는 한 명의 유명한 가수로, 그녀의 모든 노래는 모두 자신이 쓴 것이고, 내용의 많은 부분이 모두 자신의 경험과 관계 있으며, 생활 속의 온갖 풍파는 그녀의 노래에 매우 특별한 느낌이 있게 만들었다.

★ 그 가수에 관해, 무엇을 알 수 있나?

보기

A 매우 유명하다　　　　B 성격이 좋다

C 생활이 어렵다　　　　D 어렸을 때부터 피아노를 쳤다

73

해석

비록 할머니는 지금 TV도 보시고 휴대 전화와 컴퓨터도 하시지만, 그러나 그녀는 여전히 라디오 프로그램 청취하는 것을 더 좋아하신다. 왜냐하면 그녀가 어렸을 때 라디오는 사람들이 외부 세계를 이해하는 주요 방식이었고, 할머니도 이 때문에 라디오를 듣는 습관을 기르게 되셨다.

★ 할머니는?

보기

A 자주 여행을 가신다　　　B 인터넷을 할 줄 모르신다

C 라디오 듣는 것을 좋아하신다

D 휴대 전화하는 것을 반대하신다

74

해석

학생을 교육하는 과정에서, 만약 비판만 하고 칭찬하지 않는다면, 학생은 자신감 없게 변하게 될 것이고, 칭찬만 하고 비판하지 않으면, 학생은 또한 쉽게 거만해지고, 심지어는 실패를 받아들일 수 없을 것이다. 그래서 적합한 방법을 찾는 것이 결정적이다.

★ 이 단락의 말은 누구에게 말하는 것일 가능성이 가장 큰가?

보기

A 작가　　　B 경찰　　　C 기자　　　D 교사

75

해석

난징의 창지앙대교는 도로와 철로 겸용 다리이다. 그것의 상층은 4차선의 도로로, 네 대의 자동차가 동시에 통과해도 문제가 없다. 아래 층은 철로로, 두 대의 기차가 동시에 마주 보고 운행할 수 있다.

★ 난징의 창지앙대교는?

보기

A 아래 층은 고속도로이다   B 2층이다

C 아직 정식으로 차가 다니지 않는다   D 짧다

76

해석

이 몇 부의 조사표 뒤의 문제는 모두 대답하지 않았고, 앞쪽의 객관식 문제도 적지 않게 비워져 있다. 그래서 사용할 수 없으니, 먼저 옆의 책상 위에 두도록 해라.

★ 그 조사표들은 왜 사용할 수 없나?

보기

A 제시간에 제출하지 않았다   B 몇 페이지가 부족하다

C 다 기입하지 않았다   D 이름을 쓰지 않았다

77

해석

러러와 여동생은 겨우 한 살 차이가 나는데, 그녀들 자매는 사이가 좋다. 생활 중에 항상 서로 돌봐주고, 누구든 어려움을 만나거나 혹은 걱정거리가 있으면 항상 다른 한쪽을 찾아 상의한다.

★ 러러와 여동생은?

보기

A 사이가 좋다   B 꾸미는 것을 좋아한다

C 성격이 상반된다   D 7살 차이 난다

78

해석

엄마, 엄마는 요 이틀 저의 집에 한 번 다녀 올 시간이 있나요? 저를 위해 창문을 좀 닫아주세요. 제가 북방에 모임을 참가하러 가는데, 방금 갑자기 창문을 닫지 않은 것이 생각났어요. 요 이틀 많은 비가 내릴까 걱정이 되네요.

★ 화자는 엄마에게 무엇을 하라고 하고 싶은가?

보기

A 아들을 마중한다   B 음식을 한다

C 창문을 닫는다   D 스푼을 가져온다

79

해석

지금은 많은 곳에서 비밀번호가 필요한데, 예를 들어 은행 카드, 이메일, 쇼핑몰 등이다. 어떤 사람은 모든 비밀번호가 모두 같은데, 이렇게 하면 매우 위험하다. 왜냐하면 다른 사람이 그중 한 개의 비밀번호를 알면, 당신의 모든 정보를 얻을 수 있기 때문이다.

★ 만약 모든 비밀번호가 다 같으면, 어떻게 되는가?

보기

A 정상적으로 사용할 수 없다   B 번거로움을 줄인다

C 쉽게 실수하지 않는다   D 안전하지 않다

80-81

해석

이 소설이 이야기하는 것은 한 남자아이가 대도시에 와서 일을 하는 이야기인데, 책에서는 그의 업무, 생활 그리고 사랑 등 방면에서의 경험을 썼다. 소설은 또한 당시의 한 가지 보편적인 사회 문제를 지적했는데, 많은 젊은이가 자라기를 거부하고, 그들이 걸어 나가서 이 세상을 이해하는 것을 두려워한다는 것이다. 작가는 말했다. "나는 그들에게, 당신이 첫걸음을 걸어 나가기를 원하기만 한다면 당연히 다음 걸음을 어떻게 걸을지 알게 될 것이라고 말하고 싶습니다."

★ 책의 내용에 관해, 알 수 있는 것은?

보기
A 사람을 매료시키지 않는다   B 사회 문제와 관계가 있다
C 조금 거짓이다   D 낭만적이다

★ 작가는 젊은이들에게 어떻게 해야 한다고 말하고 싶어하나?

보기
A 조금 용감해라   B 용서할 줄 알아라
C 비판을 받아들여라   D 침착함을 배워라

보기
A 유명하다   B 물이 부족하다
C 하나의 성이다   D 기후 조건이 좋지 않다

★ 다롄이 각종 활동을 개최하는 목적은 무엇인가?

보기
A 문화를 보호한다   B 환경을 보호한다
C 여행객을 사로잡는다   D 수입을 증가시킨다

82-83
해석
과학 기술의 빠른 발전에 따라, 사람들의 독서하는 방식도 매우 큰 변화가 생겼다. 갈수록 많은 사람이 휴대 전화 혹은 노트북 컴퓨터에서 독서하는 것이 익숙하다. 올해 몇 개의 도서 웹사이트는 모든 사람의 독서 상황의 조사 활동을 진행했다. 결과에서 발견하길, 전자책을 읽는 사람은 작년보다 6% 증가했고, 게다가 대략 70%의 독자는 인터넷에서 전자책을 구매하기를 원한다고 밝혔다.

★ 사람들이 독서하는 방식에 변화가 생긴 원인은 무엇인가?

보기
A 광고의 영향을 받았다   B 자연을 보호해야 한다
C 과학 기술의 발전   D 종이책은 무겁다

★ 조사 결과에 근거하여, 전자책을 읽는 사람들은?

보기
A 여성 위주이다   B 수가 증가했다
C 수입이 비교적 높다   D 연령이 비교적 어리다

84-85
해석
다롄은 해변 도시이고, 중국의 유명한 여행 도시이기도 하다. 이곳은 자연조건이 매우 좋고, 많은 동식물이 생활하고 있는데, 특히 많은 물고기가 있다. 이곳은 겨울에 따뜻하고 여름에 시원해서, 동북삼성에서 기후가 가장 좋은 도시라고 말할 수 있다. 여행을 더 잘 발전시키고 더 많은 여행객을 사로잡기 위해, 다롄은 종종 각종 재미있고 놀기 좋은 활동을 개최한다.

★ 다롄에 관해, 무엇을 알 수 있나?

三、书写   쓰기 해석

✔ 第一部分 · 제1부분

86
정답 孩子们表演的中国功夫真精彩。
해석 아이들이 공연한 중국 무술은 정말 멋지다.

87
정답 他正在预习下节课的语法。
해석 그는 다음 교시 수업의 어법을 예습하고 있다.

88
정답 郊区的房价比市区低。
해석 변두리의 집 가격은 시내 지역보다 낮다.

89
정답 这次活动由我们和大使馆共同举办。
해석 이번 활동은 우리와 대사관이 공동으로 개최한다.

90

정답 这个结果让他非常不满意。

해석 이 결과는 그로 하여금 매우 만족하지 못하게 했다.

91

정답 妹妹把零钱存到了盒子里。

해석 여동생은 용돈을 상자 속에 저축했다.

92

정답 我保证以后再也不抽烟了。

해석 나는 앞으로 다시는 담배를 피우지 않을 것을 보증합니다.

93

정답 飞机在首都机场顺利降落了。

해석 비행기가 수도 공항에 순조롭게 착륙했다.

94

정답 东北虎是受到重点保护的动物。

해석 동북 호랑이는 중점적인 보호를 받는 동물이다.

95

정답 这个问题她解释得很详细。

해석 이 문제는 그녀가 상세하게 설명했다.

✅ 第二部分 · 제2부분

96

정답 我在沙发上躺着看书。

해석 나는 소파 위에 누워서 책을 본다.

97

정답 桌子太乱了，快收拾一下。

해석 탁자가 너무 어지러우니, 빨리 좀 치워.

98

정답 这家店的饺子又香又便宜。

해석 이 가게의 만두는 맛이 좋고 저렴하다.

99

정답 我被爷爷批评了。

해석 나는 할아버지에게 야단맞았다.

100

정답 虽然这眼镜的价格很贵，但很好看。

해석 비록 이 안경의 가격은 비싸지만, 그러나 보기 좋다.